노년의
품격

노년의 품격

품위 있게, 현명하게,

재미있게

와다 히데키 지음
김송이 옮김

어젠다

차례

프롤로그 나는 이런 노년이 되고 싶다

고령자를 35년간 진찰해온 내가 생각하는 '되고 싶은 노년'의 모습 • 009
돈이나 지위가 있는 것만으로는 행복한 노년이 되지 못한다 • 012
무엇을 얻고 싶다는 것보다 어떻게 살고 싶은가 • 015

제1장 나이 드는 것에 아등바등하지 않는 사람이 품격 있다

노화와 싸울 수 있는 동안에는 싸워라 • 021
하지 못할 일은 포기하고 가능한 일은 살리자 • 026
이를 악물면서까지 노화와 싸울 필요는 없다 • 029
자신의 노화도 타인의 노화도 순순히 받아들이자 • 031
휠체어나 기저귀는 능숙히 활용하지 않으면 손해 • 033
자신이 받을 의료는 스스로 정하자 • 035

제2장 노화를 두려워할 필요는 없다

근거 없는 불안에 휘둘리는 것은 불행 • 043
인지증 = 아무것도 모르게 된다 이것은 큰 오해 • 047
인지증이 진행될수록 이상적인 노년이 될 수 있다? • 050
불안을 제거하는 것이 아닌 공존하는 것을 생각하자 • 054
건강진단의 결과보다도 장수하기 위해 중요한 것 • 057
고령자가 됐을 때 약과 잘 어울리는 방법 • 061

고독을 두려워하지 말고 좋아하는 삶의 방식으로 • 065

혼자가 됐을 때의 예행연습을 해보자 • 069

제 3 장   상식에 얽매이지 않는 재미있는 노년이 되자

박학다식＝현명함은 아니다 • 075

상식적이지 않은 것이야 말로 고령자의 재미있는 점 • 077

유니크한 발상은 학력과는 관계없다 • 082

고학력자인 사람이 '재미없다'는 말을 듣는 이유 • 086

지식에 경험을 섞어서 의논하자 • 090

속설과 통설에 싸우는 자세를 갖자 • 093

우익도 좌익도 유연함이 중요하다 • 096

제 4 장   돈이나 지위에 집착을 버리자

나이가 들수록 돈은 생각만큼 믿을 수 없다 • 103

주위에 안심감을 주는 존재가 되자 • 105

고령이기 때문에 즐길 수 있는 자유로운 직업 선택 • 108

언제까지나 현역의 소비자가 되자 • 113

'인간, 죽음부터일세' • 117

나는 마지막 순간에 애도를 받을 수 있는 인간인가 생각하자 • 121

무덤이나 돈보다 이름을 남기자 • 124

제 5 장   '폼으로 나이를 먹은 게 아냐'라고 자랑할 수 있는 노년이 되자

'이 세상에 정답은 없다'라고 말할 수 있는 것이 고령자의 강점 • 131
변절은 괜찮지만 부화뇌동은 꼴사납다 • 134
'인생은 가지각색' 다양성을 인정하자 • 138
직업에 관해 선입관을 버리자 • 142
'해보지 않으면 모른다'는 정신으로 도전하자 • 146
'실패할 수 있다'는 것을 순순히 받아들이자 • 150
고령기일수록 '긴 안목으로 본다'는 힘을 단련하자 • 153

제 6 장   멋진 고령자가 되기 위해 필요한 것

'무엇이 되고 싶다'에서 '이렇게 있고 싶다'로 • 159
인생의 절정은 후반일수록 좋다 • 162
목표로 하고 싶은 것은 소탈한 노년 • 165
호르몬 밸런스의 변화를 아군으로 만들자 • 169
'성숙한 의존'이 가능한 사람이 되자 • 172
타인에게 의지하는 대신 스스로 무엇을 할 수 있는가를 생각하자 • 176
감정은 풍부하게 하지만 감정적으로는 되지 말자 • 179
자연에 맡기지 않고 '그렇게 되자'고 의식하며 살기 • 183

후기 • 188

나는 이런
노년이 되고
싶다

고령자를 35년간 진찰해온
내가 생각하는 '되고 싶은 노년'의
모습

사람은 아이부터 어른이 되고 그리고 노인이 된다. 아이부터 어른에 이르는 사춘기에는 거의 모든 사람이 자아의 성장과 함께 '나는 무엇을 하고 싶은가', 거기에 '어떤 어른이 되고 싶은가'에 관해 생각하게 된다.

그러나 어른부터 노인으로 이행하는 '사추기'(내가 만든 조어)로 부를 수 있는 시기에 '어떤 노인이 되고 싶은가'에 관해 생각하는 사람은 별로 없지 않은가.

'언제까지나 젊게 남고 싶다', '노인이 되기 싫다'

지금 일본에는 많은 사람이 그렇게 생각하고 있다. 한편 서양에서는, 예를 들어 영화의 세계를 봐도 클린트 이스트우드나 카트린 드뇌브 같은 '나이를 잘 먹은' 사람이 적지 않다. 내가 영화 감독으로 몇 번인가 영화제에 초대받아 방문한 모나코에서는 백발의 주름 많은 노인이 페라리에서 내리는 광경을 자주 봤다. 그게 정말 멋지고 또한 그것을 동경하는 가치관이 있다는 것을 느꼈다. 한편 일본에서 동경의 대상이 되는 것은, 예컨대 요시나가 사유리 씨 같은 '언제까지나 나이를 먹지 않는'사람이다. 그게 나쁜 것은 아니지만 그런 풍조가 한몫해서 그런지 영화의 세계에서도 오오타키 히데지 씨나 기타바시 타니에 씨 같은 노인역의 명배우로 불리는 사람이 많지 않다. 나는 지금의 일본에는 '이런 노인이 되고 싶다'라는 모델이 되는 사람이 거의 없다고 생각한다.

예들 들어 수상을 역임한 사람이 바로 정계를 은퇴하고 전국을 돌며 어려운 사람의 목소리를 듣고 각지의 악을 응징하는 현대판 '미토 고몬'*이 된다면 재밌겠다는 생각을 하지만, 그런 사람이 있다는 얘긴 들어보지 못했다.

나는 지금까지 35년 가까이 노년정신의학에 종사해왔고, 멋지게 나이를 먹는 사람과 그렇지 않은 사람이 있다는 것을 실감하고 있다. 나이가 들어도 어딘가 좀스러운 사람 즉 쩨쩨해서 꼴불견인 사람, 인색하고 건망증이 심한 사람이 있는 한편 세상에 초연한 사람, 노화에 대한 각오가 돼있는 사람도 있다.

---

*   본명 도쿠가와 미츠쿠니, 도쿠가와 이에야스의 손자. 일본 전국을 유랑하며 악을 벌하고 백성을 구제한다는 이야기로 TV시리즈로 제작되어 큰 인기를 얻음

나 자신도 60대에 접어들어 이제부터 어떤 식으로 나이를 먹을 것인가 생각해보게 된다. 그리고 '이런 노인이 되고 싶다'라는 세 가지의 모델이 내 안에서 명확해졌다.

내가 되고 싶은 것은, '품위 있는 노인', '현명한 노인', 그리고 '재미있는 노인'이다.

오해가 없도록 말하지만, 나 자신이 품위 있고 현명하고 재미있는 인간이라는 의미는 아니다. 나는 〈감정적으로 되지 않는 책〉(신강사)을 쓰면서 유튜브와 블로그에서 항상 정치 등에 분노해 있다고 지적 받았다. 그러나 내가 책에 쓴 것은 '이렇게 되고 싶다'라는 모습이지, '내가 이런 인간이다'라는 표명은 아니다.

나는 노년정신과의로서 이제까지 6천 명 이상의 고령자를 진찰해왔다. 그를 바탕으로 내가 '이렇게 되고 싶다'고 생각한 고령자의 모습은 어떤 것인가를 전하는 일이 여러분들께 '행복하게 나이 들기 위한 힌트'가 될 수 있다고 생각한다.

돈이나 지위가 있는 것만으로는
행복한 노인이 되지 못한다

내가 오랜 시간 고령자와 마주하며 배운 중요한 것 중 하나는 고령기에는 젊었을 때처럼 상승지향의 가치관이 통용되지 않는다는 것이다. 지위를 얻기 위해 필사적으로 노력해도 고령기가 되어 애처로워지는 경우가 적지 않다. 나는 도쿄대학 의학부를 나와 의사가 됐다. 대학의 동창들은 졸업 후 의국에 남아 순조롭게 출세해 도쿄대를 포함하여 일류 대학의 의학부 교수가 된 케이스가 몇 명 있다. 그들은 세상에서 상당히 훌륭한 지위를 손에 얻었다고 볼 수 있을 것이다. 그러나 60대가 된 지금 그들에게 장밋빛 미래가 기다리고 있다고 단정할 수 있을까.

의국에서 출세하기 위해 오로지 선배 교수의 말대로만 따라가 결국 획기적인 연구성과를 남기지 못한 채 퇴임을 맞이하는 경우가 많다. 거기에 지금은 옛날처럼 퇴직 후 낙하산 인사 자리가 얼마든지 있던 때가 아니다. 한편 사립대학의 의학부를 나온

동년배들은 조기에 개업하여 60대인 지금은 오히려 한창때라고 할 정도로 왕성하게 일을 해 나가고 있다.

참고로 미국에서는 교수가 된 후부터 스스로의 힘으로 연구조성금 등을 획득하고 본격적인 연구에 몰두한다. 즉 교수가 되는 것이 연구의 시작인 것인데 일본에서는 교수가 '완성'의 지위이기에 교수가 된 후 노고를 들여 공부하지 않는 사람이 많다.

그런 사람은 지위가 있어도 내용이 없고 혹은 내용이 낡았기 때문에 정년에 지위를 잃는 순간 '아무것도 아닌 사람'이 되는 경우가 많다.

그런 연령대가 되면 지위보다 한 사람의 인간으로서 살아가는 것을 선택하는 편이 빛나 보인다. 예를 들어 해부학자 요로 타케시 씨는 도쿄대 의학부의 교수였는데 집필활동이 궤도에 오르자 서둘러 직을 접고 '요로 타케시'로서 사는 법을 택했다. 그렇기 때문에 현재도 여전히 '요로 타케시'로 있게 된 것이라고 생각한다. 나도 50대가 되고 나서야 '와다 히데키'로서 살고 싶다고 생각하게 됐다.

내가 노년정신과의가 된 것은 말하자면 '우연'이다. 대학병원에서 정신과와 내과의 연수를 한 후 취직 자리가 정해지지 않은 시기에 고령자 전문의 종합병원인 요쿠후카이 병원(도쿄, 스기나미구)의 정신과에 운 좋게 채용됐다. 즉 처음으로 얻은 정규직원

자리가 어쩌다 보니 고령자 전문병원의 정신과의사였던 것일 뿐 고령자에 대한 깊은 고려가 있던 것은 아니다. 다만 불행인지 다행인지 경쟁상대가 적은 세계라 감사하게도 귀중한 발견과 만남을 얻게 되고, 이런 세계라면 살아볼 만하다고 느껴 지금까지 이 일을 계속하게 됐다.

요쿠후카이 병원은 다이쇼 시대에 데이메이 황후의 하사금을 바탕으로 설립된 지역의 부속병원이었고 입원환자는 사회적 지위가 비교적 높은 사람이 많았다. 전 장관, 대기업의 전 사장 등도 있었지만 그 사람들의 만년이 좋았냐 하면 꼭 그렇지는 않았다.

상사에게 아첨하여 출세한 인간은 높은 지위를 얻어도 부하에게 인망이 없었다. 자신을 아껴줬던 상사들은 자신보다 나이가 많기에 먼저 세상을 떠난다. 한편 아래 세대에서 신망을 얻지 못했기에 고령이 되어 입원해도 아무도 병문안을 오지 않는 경우가 제법 많다. 또 내가 근무했던 때가 버블 시기였던 터라 환자들 중에서는 토지의 매매로 터무니 없는 재산을 축적한 사람도 있었지만 그런 재산이 자식들 간의 치열한 싸움의 씨앗이 되는 경우를 적지 않게 봤다. 노후의 행복은 지위와 금전만으로 얻을 수 있는 것은 아니다. 고령의 환자들과 마주하는 하루하루 속에서 그런 점을 절실히 느꼈다.

무엇을 얻고 싶다는 것보다
어떻게 살고 싶은가

70대, 80대에 어떻게 하면 재미있는 사람, 멋진 사람이 될 것인가를 일찌감치 생각해 보거나 또는 그 연대가 된다면 생각해 보는 것이 정말로 행복해지는 열쇠가 된다고 생각한다. 정년 후에 조금이라도 수입이 많은 일을 가지려고 기를 쓰는 사람도 있다. 생활해 나가기 위해 그렇게 하지 않을 수 없는 사람도 많겠지만, 그 전에도 줄곧 금전적인 부분만을 제일로 생각하는 삶의 방식이 생활의 진정한 풍요함, 행복으로 이어질지는 좀 의문이다.

연수입 200~300만 엔의 일과 연수입 수천만 엔의 일이 있는데, 어느 정도의 금액을 연금으로 수령하고 대출금 상환이 끝난 집을 가지고 있는 사람이 있다면 그 어느 쪽에서 일했건 젊었을 때와는 달리 생활의 실질적 차이는 그 정도로 크지 않을 것이다. 국민연금의 경우도 300만 엔 정도의 수입이 있다면 그 나름의 충실한 생활은 될 것이라고 생각한다.

물론 고급 레스토랑에서 식사를 일상적으로 즐긴다는 차이는 있을지 모르겠지만 주거에서도 나이를 먹을수록 대저택은 필요 없어진다. 자녀가 독립한 후 넓은 집에 부부 둘이 살거나 독거노인이 되어 쓸쓸함을 느끼거나 공간을 처치 곤란해 한다는 고령자의 이야기도 자주 듣는다. 외딴집보다 작은 맨션 쪽이 오히려 살기 편하다고도 한다. 고령이 된다고 해서 일반적으로는 그 정도의 고수입을 추구할 필요는 없어진다. 그것은 바꿔 말하면 돈이나 지위를 얻는 것에만 집착하지 않고 정말로 하고싶은 일이나 삶의 방식을 고르는 자유를 얻는다는 것이다.

2018년에 당시 78세였던 자원봉사 활동가인 남성이 행방불명 됐던 아이를 발견해 〈슈퍼 볼런티어Super Volunteer*〉로 주목을 받았다. 그는 세간의 칭찬을 듣고 싶어 자원봉사를 한 게 아니라 그저 사람들에게 도움이 되고 싶다고 생각해 그것을 보람으로 활동을 계속했고 결과적으로 칭찬받게 된 것이다. 나이가 드는 것을 무작정 부정적으로 여기지 않고 이제부터 무엇을 할까, 어떤 식으로 살아갈지를 생각해보자. 무엇을 얻고 싶다가 아니라 어떻게 살고 싶은지를 생각해서 그대로 살아가는 것으로, 바라는 것을 얻게 되는 결과가 생기기도 한다.

---

* 매우 왕성하게 활동하는 자원봉사자를 일컬음

고령자들과 마주하며 나는 이것을 일찍 깨달았다. 앞서 말한 대로 내가 노년정신과의가 된 것은 우연이었지만 이 길에 들어선 덕분에, 조직에 얽매이지 않는 입장에서 의사로서 일을 하며 책을 쓰거나 영화를 찍거나 하며 하고싶은 것을 하며 살아왔다. 앞으로도 그 연장선 위에서 살 것이라고 생각한다.

고령자 전문 의사라는 일이, 나의 인생에 영향을 주고 있는 것만큼은 틀림없다. 그리고 그것은 대단한 행운이라고 생각한다.

제 1장

나이 드는 것에
아등바등하지 않는
사람이 품격 있다

노화와 싸울 수 있는
동안에는 싸워라

지금 노화에 대한 사람들의 태도는 양극화 돼있다고 느낀다. 한쪽은 노화와 줄곧 싸움을 계속할 수밖에 없다고 생각하는 '안티에이징파'다. 언제까지라도 젊디젊게 있고 싶어 폭삭 늙고 싶지 않고 병들어 누워있거나 인지증*에 걸리고 싶지 않다고 생각하는 사람들이다. 건강식품의 광고에 '90세에도 이렇게 왕성히 걸어다닌다', '인간은 마음만 먹으면 몇 살이 돼도 젊어질 수 있습니다'라고 말하는 사람들을 보며 '나도 저렇게 되고 싶다'고 생각하는 사람도 많을 것이다.

다른 한편은 그와 반대되는 반안티에이징, '자연스레 나이들기파'다. 50세 정도에 일찍 '자연스럽게 나이를 먹고 싶다'고 반

---

*   '치매'라는 용어가 보편적이지만 최근 국내에서도 부정적인 인식이 강하다는 의견으로 용어의 변경을 검토하는 중임을 감안, 본서에서는 원서의 표기대로 '인지증'으로 통일함

안티에이징을 공언하는 여성 연예인도 보게 된다. 90대의 여성 각본가가 인지증에 걸려 삶을 포기하고 안락사를 희망하는 한편 50대의 여배우가 일찌감치 노화를 받아들이는 자세를 보여주는 것은 뭔가 기묘하게도 느껴진다.

언제까지라도 노화와 싸움을 계속해야 한다는 생각으로 미용 의료와 가발을 쓰는 데 의욕적인 안티에이징에 여념이 없는 그룹과 '보톡스 주사로 주름을 없애는 일 따위는 허락치 않아'라고 비판하고 '가발의혹'이라 야유하는 그룹으로 이분되어 있는 현상이 존재한다.

노화와 싸울 것인가, 받아들일 것인가. 유감이지만 나 자신은 인간은 최종적으로는 노화를 받아들일 수밖에 없다고 생각한다. 그 바탕에 있는 것이 고령자의료의 현장에서의 경험이다. 내가 근무하는 요쿠후카이 병원은 원래 관동대지진에 친척을 잃은 고령자의 구호시설로서 황실의 하사금 등을 바탕으로 설립됐다. 그 후 노년의학의 연구를 위해 당시의 도쿄제국대학 의학부에서 이 시설에 의사가 파견되어 입소자를 진찰함과 동시에 사망한 사람의 해부, 고령자의 뇌와 장기에 관련한 연구가 진행되어 왔다. 지금도 그 전통이 남아있어 내가 근무했던 당시에는 연간 100건 정도의 해부가 이뤄졌다.

나는 그 해부결과를 줄곧 지켜봐 왔다. 그 결과 알게 된 것은

85세를 넘으면 뇌에 알츠하이머형 신경의 변성이 없는 사람, 체내에 암이 없는 사람, 동맥경화가 생기지 않은 사람은 한 사람도 없다는 것이었다. 즉 어느 정도 인지증이 되지 않도록 애쓰거나 혹은 생활습관병을 예방하기 위해 식생활과 운동에 힘쓰는 것도, 어느 정도의 고령이 되면 누구든지 인지증이 되거나 생활습관병에 걸린다는 것이다.

일찍이 성인병이라 불리게 된 뇌졸중과 심장병 등을 '생활습관병'이라 호칭하자 주장한 것은 100세가 넘어서도 현역의사로서 활약한 히노하라 시게아키 선생(향년 105세)이지만 그 히노하라 선생조차 만년에는 뇌 내에 변화가 일어났다고 여겨진다.

똑같이 뇌가 줄어들어도 완전히 지각이 둔해진 사람과 놀랄 정도로 머리가 제정신인 사람이 있어 증상이 나타나는 방식은 개인차가 있다. 인지증이 되어도 머리를 계속 써서 되도록 멀쩡한 상태를 유지하도록 하는 것이 중요하다. 어쨌든 인간은 언젠가는 바보가 된다. 언젠가는 걸을 수 없게 된다. 그것을 각오하고 있을 필요가 있다.

인지증에 관련해 '보케루'(노망들다는 표현)라는 말은 모멸적이라 피하는 것이 일반적이지만 나는 꼭 부정적인 단어라고 생각하지는 않는다. 오히려 뇌의 노화가 가져오는 자연스런 상태를 표현하는 것으로 인식하고 있어 본서에서도 사용하는 것을 여기서 미리 양해를 구한다.

인지증의 검사법인 '하세가와 식 간이 지능평가 스케일'을 발표한 것으로도 알려진 정신의료의 하세가와 카즈오 선생은 88세에 스스로 인지증인 것을 공표했다.

일본 인지증 의료의 제1인자 본인이 인지증에 걸렸다는 것인데, 하세가와 선생 본인은 신문 인터뷰에서 '감출 게 아니다. 나이가 들면 누구라도 그렇게 될 수 있다고 모두가 생각한다면 사회의 인식이 바뀐다'라고 당당히 말하고 '인지증 환자 자신이 무엇을 느끼는가를 전하고 싶다'며 강연활동을 시작했다.

인지증을 받아들이지 않고 '인지증에 걸리면서까지 살고 싶지 않아'라며 안락사를 원하는 것보다, '노망이 나도 어쩔 수 없지, 그때 할 수 있는 일을 해보자'라고 생각하는 편이 노화에 대한 자세로서 건전하지 않을까.

노화와 싸우는 것과 노화를 받아들이는 것은 서로 대립하는 것이 아닌 '이행'하는 것이라고 생각한다. 노화와 싸울 수 있는 동안은 싸우는 것이 좋다고 생각한다. 아직 충분히 싸울 수 있는 시기인데 싸우지 않으면 나이 이상으로 늙어버리게 된다. 정년 후에 아무것도 하지 않는 생활을 하여 60대인데도 걸음걸이가 비틀거리고 완전히 노인의 용모가 되어버린 사람도 있다.

70세 정도에 수명이 다하는 시대라면 그래도 관계없다고 생각하지만 지금 일본인의 평균수명은 남성이 81세, 여성이 87세가 넘는다. 이것은 평균이기 때문에 60세 이전에 사망한 사람들을 고려하면 남성도 85세 정도까지 사는 사람이 다수일 것이다.

60대부터 20년 이상을 시름시름한 상태로 보내는 것은 역시 괴로운 일일 것이다. 걸을 수 없게 되면 행동범위가 상당히 좁아지기 때문에 될 수 있으면 매일 산보를 즐기는 것이 좋다고 생각한다. 또 인지기능이 너무 갑자기 노쇠하면 책도 읽을 수 없게 되고 사람들과 대화도 마음대로 되지 않기 때문에 되도록 머리를 쓰는 일을 계속하는 것이 좋다.

이렇게 어느 시기까지는 노화와 싸우는 쪽이 적어도 남은 인생을 즐기는 방법이라고 생각한다.

다만 인지증이 되어 가벼운 건망증이 시작되고 혹은 보행이 불안해진다고 거기서 인생이 끝나는 것은 아니다. 노화를 받아들인다는 것은 늙으면서 어떻게 살아갈 것인가 하는 것이다. 노화와 싸우는 단계가 끝나면 다음은 노화를 받아들이는 국면이 있어, 거기서 아등바등하지 않는 것이 멋있게 늙는 것이라고 생각한다.

하지 못할 일은 포기하고
가능한 일은 살리자

나이가 들면 몸과 뇌가 쇠약해진다. 그것은 확실하지만 그렇다고 해서 갑자기 아무것도 할 수 없게 되지는 않는다. 예를 들어 인지증에 걸리면 바로 아무것도 알 수 없게 된다고 생각하기 쉽지만, 초기에는 기억장애가 일어나지만 이해력 등은 그다지 떨어지지 않고 그렇기에 하세가와 카즈오 선생처럼 강연도 할 수 있는 것이다. 그리고 인지기능이 떨어져도 육체는 튼튼하여 오래 걸을 수 있는 사람도 있는 반면, 보행이 곤란하여 휠체어 생활을 할 수밖에 없지만 정신은 또렷한 사람도 있다. 노화로 인해 모든 능력이 일제히 저하되는 것은 아니란 것이다. 뉴스캐스터 안도 유코 씨의 모친은 인지증이 진행되어 시설에 들어가게 됐는데 거기서 '임상미술'의 치료를 받고 좋아하는 하와이에서의 추억을 그릴 수 있게 됐다고 한다. 말기가 되면 종일 누워있고 아무것도 할 수 없는 상태가 되지만 그 전까지는 할 수 없는 일들이 늘어나도 할 수 있는 일들이 남아있다. 중요한 것은 할 수 없게 된 일을 비관하지 않고 할 수 있는 일을 소중히 여겨 그것을 살리는 것을 생각하는 것이다.

패럴림픽의 선수들은 장애인의 틀 안에서 경쟁하고 있다는 이미지가 있지만 그들은 많은 경기에서 대부분의 일반인보다도 월등히 높은 능력을 보여주고 있다. 즉 그들은 가능한 것에 대한 능력을 최대한 끌어올려 그 능력의 출중함으로 세계를 상대로 겨루는 것이다. 할 수 없는 일이 있어도 괜찮다. '할 수 있는 일이 이렇게 대단하다'라는 방향으로 눈을 돌리는 것이 중요한 것이다. 사람은 자신의 결점만 신경 쓰고 장점을 간과하기 쉽다. 예를 들어 입시공부에서 약한 과목을 극복하는 것보다 강한 과목을 중점적으로 하는 것이 결과적으로 높은 점수로 이어질 가능성이 높다. 실제로 고령이 되어서도 뭔가 대단한 일을 하면 사람들로부터 존경을 받게 된다. 만약 병들어 누워있게 되더라도 재미있는 이야기를 할 수 있다면 이야기를 듣고 싶어하는 사람들이 주변에 모일 것이다.

그림이나 음악, 운동 등 이제까지 해왔던 것이 있다면 가능한 한 계속하여 새로운 경지에 이르게 되는 경우도 있을 것이다. 피카소와 같이 거장으로 불리는 화가들도 나이가 든 후의 작품이 더 높은 평가를 받는 경우가 적지 않다.

노화와 죽음은 어느 정도 능숙하게 받아들이는 편이 타인들이 볼 때도 매력적일 뿐만 아니라 자신도 평온한 마음을 지킬 수 있다. 그리고 결과적으로 노화로 인한 악영향의 정도가 커지지 않게 되는 일이 많다고 생각한다. 노화를 받아들이면 할 수 없게 되는 일을 포기한 만큼 가능한 일에 감사하고 그것을 좀 더 해보겠다는 의욕이 생긴다. 그래서 노년의 시간을 보다 풍부하게 보낼 수 있을 것이라고 생각한다.

이를 악물면서까지
노화와 싸울 필요는
없다

노화와 싸울 수 있는 동안은 싸우고 그것이 어려워지면 노화를 순순히 받아들이자. 그렇다면 그 두 시기의 경계는 몇 세일까. 자립해 생활할 수 있는 기간인 '건강수명'은 현재 남성이 대략 72세, 여성이 75세이다. 여기까지는 표준적으로 노화와 싸울 수 있는 시기로 생각해도 무방하다. 그렇다고 하더라도 75세 전후에 노화와 싸우는 것을 그만둔다는 것은 요즘의 현실에서 조금 빠르지 않나 하는 생각이다. 거기서 수년간 더 노력하면 80세가 하나의 목표가 되지 않을까. 혹은 85세도 중요한 목표가 되는 연령이다. 그 연령 즈음부터 인지증과 간호가 필요한 중병에 걸리는 사람이 갑자기 늘어나기 때문이다.

대략 85세 정도까지는 거의 문제없이 보행이 가능하고 정신도 또렷하여 보통의 사회생활이 가능하다. 그러나 그 연령을 지나면 어려워지는 경우가 일반적인 경향이다. 그런 점을 근거로

80세, 혹은 85세를 '경계'로 인식하는 것도 가능하다. 그렇지만 언제까지나 노화와 싸울 수 있을 것인지는 개인차가 있다. 그러므로 결론적으로는 자기자신이 확실히 쇠약해졌다고 느끼는 시점부터가 경계를 넘어가는 타이밍이 아닐까 한다. 예를 들어 프로 스키선수 미우라 유이치로 씨처럼 90세가 다 되어서도 세계 최고봉에서 스키를 타고 내려오는 것을 계속 도전하는 사람도 있다. 그러므로 자신이 노화와 싸울 수 있는 한 싸움을 계속하는 것이 좋다고 말할 수 있다. 다만 스스로가 이제 무리라고 느끼면서도 이를 악물면서까지 싸움을 계속할 필요가 있다고 생각하지는 않는다.

'몇 세까지'라고 생각하는 것이 아닌, 장래의 노화를 받아들일 수밖에 없다는 당연한 현실을 인식하는 것이 필요하다.

자신의 노화도 타인의
노화도 순순히
받아들이자

언제까지라도 노화를 받아들이지 않고 있게 되면 '이렇게 다리가 약해 빠진 나는 글러먹은 노인이다', '예전처럼 똑똑하게 말하지 못하는 노인이 되어버렸다' 라고 자신을 부정하는 방향으로 흘러가게 된다. 그런 부정적인 시선이 타인에게 향하는 경우도 있다. 즉 '나는 인지증이 될 때까지 살고 싶지 않아'라 말하며 노화와 싸우는 사람이, 싸우지 않는 사람이나 비교적 빨리 노화가 진행된 사람들을 깔보는 '고령자에 의한 고령자 차별'이다. 앞서 말했던 대로 언제까지 노화와 싸울 수 있는 것은 개인차가 있는 이상 거기서 차별적 관점을 가지는 것은 좋지 않다.

　예전에 내가 관여했던 유료 양로원이 인지증이나 중병에 걸려도 계속 들어올 당시와 똑같은 공간에서 살게 하는 컨셉트를 내세운 적이 있다. 그런 경우 식당 등에서 휠체어를 탄 사람이나 인지증이 진행된 사람, 비교적 건강한 사람이 같은 공간을 공유하게 된다. 그것은 다양성이 있어 멋지다고 생각할 수 있겠지만 건강하게 들어온 사람들로부터 클레임이 들어와 결과적으로는 간호를 요하는 중증의 사람들과 그렇지 않은 사람들의 생활 공간을 나누게 됐다. 아직 건강한 입원자의 입장에서는 중증 입원자들의 모습을 보면 '내일은 내가..'라는 생각이 떠올라 괴롭지 않겠는가. 그런 생각은 이해할 수 있다. 그러나 노화를 받아들이지 않는 고령자에 의한 고령자 차별의 구도에는 역시 위화감이 느껴진다. 나이를 먹는다는 것은 여러가지의 삶의 방식들이 찾아오는 것이라고 생각한다. 그 '여러가지의 삶의 방식'에는 휠체어를 타게 되거나 병들어 누워만 있는 생활, 아니면 인지증에 걸리는 일도 포함된다.

노망들고 싶지 않고 다리나 허리를 약하게 만들고 싶지 않아 그를 위해 가능한 만큼 노력하는 것은 중요하다. 그러나 정작 인지증이나 보행곤란의 상황이 되면 '그 나름의 살아가는 법'이라는 발상도 필요하다. 그런 발상이 없으면 앞으로의 인생이 살 가치가 없다고 생각하게 된다. 그것은 정말로 안타까운 일이다.

고령자는 사회적으로는 '약자'로 분류될 것이다. 그리고 인간은 궁극적으로 약한 생물이라는 것을 순순히 받아들이는 것이 고령자의 특성이라고 생각한다. 자신의 노화뿐만 아니라 타인의 노화도 받아들이는 것이 '품격'이라고 부를 수 있는 것이 아닌가 생각한다.

휠체어나 기저귀는
능숙히 활용하지 않으면
손해

노화를 받아들이지 않아 결과적으로 손해를 보는 사람들도 적지 않다. 예를 들어 휠체어나 지팡이 등의 사용을 완강하게 거부하는 사람. 걷는 기능이 쇠약해지면 휠체어를 사용하면 편하게 이동이 가능하여 이런 저런 장소에 갈 수 있는데도 '휠체어 따위 말도 안 돼. 내 발로 걷겠어'라며 버티는 사람. 결국 걷지 못하게 되면 어디도 갈 수 없어 집에만 처박혀 있는 신세가 된다. 그런 패턴은 자주 있다.

의사의 입장에서 봤을 때 노화를 받아들이는 것이 서툴다고 느껴지는 사람은 소변을 실수하는 것에 대한 대책으로 기저귀의 사용을 혐오하는 이들이다. 지금은 젊은 여성들조차 요실금 케어용 패드를 사용하는 시대다. 고령자라면 더더욱 필요하고 이미 기저귀는 간호를 요하는 사람의 상징의 의미가 아니다. 나 자신도 최근 심부전의 치료로 이뇨제를 복용하는 것 때문에 화장실을 자주 가는데, 외출한 곳에서 좀처럼 화장실을 찾기 어려워 당황한 적도 있다. 그래서 요실금 패드가 부착된 팬티를 사용하게 됐다. 다소 번거롭지만 운전할 때나 여행할 때 언제나 필사적으로 화장실을 찾아 헤매는 스트레스를 생각하면 상당히 쾌적하다. 일본의 기저귀는 세계 일류의 우수한 성능이므로 이용하지 않을 이유가 없다. 기저귀를 솔직히 받아들이면 밤에도 안심하고 잘 수 있고 수면의 질도 좋아진다.

휠체어를 한번 받아들이면 걷는 기능의 저하에 가속도가 붙어 전혀 걷지 못하게 되지 않을까 걱정하는 사람이 있다. 그러나 어느 쪽이든 결국에는 걷지 못하게 되기에 언젠가는 휠체어를 받아들이지 않을 수 없게 된다. 그래서 언젠가 받아들일 수밖에 없게 된다면 빨리 받아들이는 편이 좋은 경우가 많다.

편리한 물건을 솔직히 받아들이는 것으로 할 수 있는 일이 많아진다. 그것을 거부하는 것도 하나의 삶의 방식이라고 생각할 수 있지만 초조한 발버둥처럼 보인다.

'걷지 못하게 되는 것은 어쩔 수 없다. 하지만 휠체어를 타면 아직 외출할 수 있으니 뭐 괜찮지'

'화장실때문에 안절부절 못하고 싶지 않아. 기저귀를 써볼까'

'가족들과 계속 대화하고 싶으니까 보청기를 써보자'

이런 식으로 말할 수 있는 것이 멋지다고 생각한다.

자신이 받을 의료는
스스로 정하자

매력적인 고령자의 중요한 포인트는 '여유'라고 생각한다. 나이를 먹을수록 '죽고 싶지 않아', '노망들고 싶지 않아', '가난해지고 싶지 않아'라는 불안감과 공포심에 동요하는 사람들이 많이 보인다. 한편 그렇게 되는 것은 당연하다고 생각하고 '인간은 언젠가 죽는 거니까', '언젠가 노망이 들겠지'라 말하는 사람은 여유와 멋조차 느껴진다.

나는 50대부터 계속해서 병이 발견됐다. 58세 정도에는 일반적으로 110 미만이 정상치인 공복 시 혈당치가 갑자기 660까지 치솟았다. 최고 혈압도 10년 정도부터 200 정도로 올라가 최근 심부전으로 부득이 이뇨제를 복용하고 있다. 당뇨병으로 면역력이 떨어진 것인지 얼마 전에는 대상포진에 걸려 상당히 고생했다.

솔직히 말하면 원인은 전부 건강에 소홀했기 때문이다. 원인은 명확했고 고령자를 많이 진찰해 오며 나도 언젠가는 컨디션이 나빠질 것이라는 생각도 들어, 지금의 생활에 지장을 줄 정도까지 약을 늘린다든가 하는 대응을 생각하지 않았던 것이다.

혈압은 약간 높은 편이 머리가 또렷하다. 혈당치도 역시 600 이상은 목이 마르고 힘들어 운동으로 200정도 까지는 내리게 했으나 어떻게 해서라도 정상치에 가깝게 만들자고 생각한 적은 없다. 특별히 생활에 지장이 없는 수치라면 설령 수년, 수십 년 후에 병이 될 위험이 있다 하더라도 약으로 몸이 나른해지고 머리가 몽롱해져 지금 당장 고통받는 것보다는 낫다고 생각한다. 내가 진찰한 환자 중에는 고혈압이 심한데도 약을 싫어하여 강압제를 일절 먹지 않는 90세가 넘은 고령자가 있는데 아주 정정하다. 또 담배를 피우는데도 건강히 장수하는 사람도 있다. 고혈압과 고혈당을 방치해도 대부분의 경우 심근경색이나 뇌졸중이 발병하는 것은 20년 후 정도이다. 혈관에 심각한 장애가 나타나도 그 정도의 시간이 걸린다는 것을 생각하면 그 사이에 의학의 진보를 믿는다는 것은 확실히 도박이라고 생각할지 모르나, 완전히 부정하기 어려운 것도 사실이다. 이렇게 자신이 받는 의료는 자신이 결정하는 것이 좋다고 생각한다.

내 친한 지인인 이슬람 학자 나카다 코우 씨는 이슬람의 교리를 깊이 믿고 있어 세속을 완전히 초월해 있다. 그다지 건강해 보이지는 않지만 삶과 죽음은 신의 뜻이라고 생각해 병원에도 전혀 가지 않는다. 역시 그런 자세는 멋지거나 배울 만한 자세라고 생각하지는 않지만 뭔가 '대단하다'고 압도되기도 한다. 폼 잡고 사는 것이 좋다고 생각하지는 않지만 그렇다고 '병에 걸려 당황하는 것은 볼품없으니 그만둬'라고 말할 생각도 없다. 다만 고령이 된다는 것은 결국 모두 병에 걸린다는 것이다. 그렇게 각오하고 약을 먹지 않고 술과 담배를 끊지 않고 좋아하는 음식을 즐기는 인생과, 건강에 최대한 주의를 기울이고 절제하는 삶의 방식 중 어느 쪽을 택할지는 스스로 정하는 것이 좋다고 생각한다.

코로나를 지나며 감염이 두려워 빈번한 외출을 자제하는 고령자들이 많이 보인다. 밖으로 나가지 않으면 확실히 감염되지 않을지도 모른다. 하지만 그런 생활을 장기간 계속하면 다리와 허리가 약해져 걷지 못하게 되고 인지기능도 저하될 위험이 높아진다. 그렇게까지 해서 감염되지 않는 것이 중요한 것일까 생각해 보게 된다.

코로나 시대의 고령자들의 비극은 나도 많이 봐왔다. 먼저 병원에서 감염방지 대책으로 입원환자의 면회를 원칙적으로 금지하기 때문에 고령 입원환자들은 만약 임종이 다가오더라도 가족과 만날 수조차 없다. 그런 쓸쓸한 상태에서 임종의 순간을 맞는 경우가 드물지 않다. 또 80세 이상의 나이라면 지금이 여행이나 외식을 즐길 수 있는 마지막 타이밍인 경우가 많지만 그 기회도 크게 줄고 있다. 인생 최후의 여행을 가고 싶고 최후의 추억으로 진수성찬을 맛보고 싶은 바람을 가진 고령자라면 그 소원은 들어주는 것이 좋다고 생각한다. 중증화 위험이 큰 고령자들이라고 해서 집밖으로 나가지 못하게 하고 병원에서는 면회자와 떨어지게 하는 것은 불필요한 참견일지도 모른다. 감염자나 중증환자를 늘리지 않게끔 사회와 의료시스템을 지키는 대처는 물론 중요한 일이지만 밖으로 돌아다니고 싶고 병문안 와줬으면 하는 개인의 존엄과 행복이 이루어지지 않는 것에는 강한 위화감을 느낀다.

　동시에 고령자들의 '코로나만은 걸리고 싶지 않다'라는 강한 의식도 느낀다. 90세를 넘긴 나의 모친도 그렇게 말씀하신다. 아무래도 코로나는 외출자제 요청을 무시하고 놀러 다니는 불건전한 윤리관때문에 걸리는 '부끄러운 병'이라고 착각하는 사람들이 많은 것 같다. 고령자는 '타인에게 폐를 끼치고 싶지 않다'라는 의식이 강하기 때문에 자신이 감염된 것보다도 그것으로 인해 주위에 폐를 끼치게 되는 일을 무서워 하는 마음이 강한 것인지도 모른다.

　현재의 고령자는 결핵 등의 감염으로 젊은이들마저 속절없이 목숨을 잃던 시대를 직접적으로는 알지 못하는 세대가 중심으로

되어 있다. 장수하는 것이 당연시 되고 고령자라도 여간한 일로
는 죽지 않는 것이 당연해지면서 오히려 예전의 고령자보다 죽
음과 질병에 대한 불안과 공포도 강해졌다고 생각한다. 그러나
인생이란 것은 '그렇게 될 때는 그렇게 되는 것'이다. 죽음과 질
병만이 아닌 모든 것에 대해 그렇게 생각하는 '여유'를 가지는 쪽
이 행복한 시간이 늘어나는 것이 아닐까.

제 2장

노화를 두려워할
필요는 없다

근거 없는 불안에
휘둘리는 것은 불행

이제부터 점점 몸이 쇠약해지는 것은 아닐까…
언젠가 이런 병에 걸리게 되지 않을까…

　이런 식으로 아직 현실에 일어나지 않은 일에 대해 '예기불안'
과 같은 것을 많은 사람들이 가지고 있다. 현대 정신의학의 세계
에서 예기불안은 원래 공황발작을 한번 경험하고 그 무서운 발
작이 다시 일어나지 않을까 하는 불안감이 생기는 현상을 말한
다. 다만 많은 사람들이 여러가지 아직 일어나지 않은 일에 대한
불안감도 비슷한 심리라고 생각하기에 나는 굳이 예기불안이라
고 부르려 한다. 사실은 많은 경우에 불안하게 생각했던 일은 실
제로 일어나더라도 공포스러울 정도의 일은 아닌 것이 대부분이
다. 또한 예기불안에 사로잡혀 결과적으로 위험을 높이게 되는
일도 적지 않다. 예를 들어 고령 운전자가 사고를 일으켰다는 뉴
스를 보고 '나도 사고내는 거 아닌가'하는 불안감에 빠져 자동차

면허증을 자진 반납하는 사람도 있다.

그렇다면 실제로 고령 운전자가 사고를 일으키는 확률은 어느 정도일까. 경찰청의 통계에 따르면 2020년에 일어난 교통사고 중 75세 이상 고령자가 제1 당사자(가해자)가 된 사고의 수는 2만 5812건. 75세 이상 원동기면허 이상을 보유한 사람은 2020년 말 시점으로 590만 4686명이므로, 75세 이상의 운전자가 1년간 교통사고를 일으킨 확률은 단순 계산으로 약 0.4 퍼센트가 된다. 같은 계산으로 30대, 40대, 50대, 60대의 운전자가 사고를 일으킨 확률은 모두 0.3 퍼센트로 거의 비슷하다. 즉 고령의 운전자가 사고를 일으킨 확률은 다른 연령대와 비교하면 살짝 높다고 할 수 있다. 오히려 눈에 띄게 높은 것은 16~24세의 젊은 층인데 약 0.7 퍼센트로 고령자를 포함한 다른 연령층에 비해 거의 배의 확률로 사고를 일으키고 있다.

한편 65세 이상의 운전을 그만둔 사람이 6년 후 요양시설에 들어가는 위험은 운전을 계속한 사람의 약 2.2배에 달한다는 츠쿠바 대학 연구 팀의 조사결과가 있다. 이전까지 일상적으로 운전을 해왔던 사람이 운전을 그만둔다면 필연적으로 외출할 기회도 의욕도 감소한다. 결과적으로 활동량이 줄어들어 요양시설로 들어가는 위험이 높아진다고 생각한다.

즉 고령자가 운전을 계속해서 사고를 일으킬 위험보다도 운전을 그만둬 시설에 들어가게 될 가능성이 두 자리 수 정도 높다고 생각할 수 있다. 다만 여기에는 '시설에 들어가지 않으려 운전을 계속했다가 사망사고를 일으키면 어쩔 것인가'라는 목소리가 있는 것도 사실이다. 하지만 그렇게 말한다면 고령자 이상으로 사고를 일으키고 있는 24세까지의 사람들에게 면허를 계속 발급해주는 것은 고령자 차별이라고 말할 수 있지 않은가. 또 생활의 자립도를 올리고 그것이 고령자의 자존심을 지켜주는 일로 이어지는 면을 볼 때, 나는 고령자가 가능한 한 운전을 계속하는 것이 의미가 있다고 생각한다.

고령자가 코로나에 감염되는 가능성과 외출을 자제하여 시설에 들어가게 되는 가능성도 같은 관계에 있다고 생각한다. 코로나 감염자의 수가 거의 제로인 지역에 살면서 감염되는 것이 무서워 집에만 갇혀 있게 된다면 고령자는 1, 2년 내에 걷지 못하게 될 것이다.

실제로 내가 진찰한 환자들 중에도 코로나로 완전히 칩거 생활을 하다 인지증이 진행된 사람이나 보행 기능이 현저히 저하된 사람들이 나오고 있다. 그런 한편 '코로나에 걸리면 어쩔 수 없지. 그래도 걷지 못하게 되는 것보다는 나으니까'라며 걷기를 계속하는 환자들도 적지 않은데 그런 사람들은 지금도 심신의 기능이 잘 유지되고 있다.

‘○○가 무서워’하고 불안에 너무 사로잡히면 오히려 무서운 상황에 자신을 몰아 넣게 되고, 사실 그것이야 말로 무서운 일이라고 느껴진다.

인지증＝아무것도 모르게 된다
이것은 큰 오해

고령자에게 있어 최대의 불안이라면 '인지증에 걸리면 어쩌지'
가 아닐까 생각한다. 앞서 말했듯이 일정 이상의 연령이 되면
누구라도 인지증에 걸린다. 그러나 인지증은 무서운 것이 아니
다. 일본인은 인지증을 '0이냐 1이냐'라고 생각하는 경향이 있
다. 즉 인지증에 걸리는 것이 최후, 아무것도 알지 못하게 되고
아무것도 할 수 없게 되는 것이라 생각하기 쉽다. 그래서 75세
이상의 고령 운전자가 운전면허를 갱신할 때 인지기능검사로
'기억력, 판단력이 저하됨(인지증의 우려가 있음)'이라 판정되고
의사의 진단을 받아 인지증으로 진단이 되면 청문 등의 절차를
거쳐 운전면허가 박탈된다. 거기에 내가 '인지증이라도 운전할
수 있다'라고 말하면 '위험한 소리 말라'고 큰 비판을 받겠지만
과연 그럴까.
　먼저 인식해야 할 것은 인지증은 경증부터 중증까지 있는 스

펙트럼 장애라는 것이다. 가벼운 증상은 거의 무엇이든 할 수 있고 증상이 심하면 가족의 얼굴도 모르게 되는 것이다.

미국의 전 대통령 로널드 레이건은 대통령 퇴임 5년 후 83세에 알츠하이머 병에 걸렸다는 것을 공표했다. 그 시점에서는 상당히 증상이 진전되어 이미 대화가 불가능한 수준이 됐다고 알려졌다. 레이건이 알츠하이머가 발병한 시기는 정확히는 모르지만 그때부터 역산해보면 아마도 대통령 재임중에 이미 발병하여 건망증 등의 기억장애가 시작됐다고 생각한다. 다만 거꾸로 말하면 인지증이 경증일 때는 대통령의 직무도 수행했다는 것이다. 물론 기업의 경영 등도 가능하다. 인지증이 됐다고 무언가를 그만두지 않으면 안 된다는 것이 아닌, 인지증이 어느 정도 이상의 중증으로 가야 그만둘 필요가 있다는 것이다.

앞서 말한 것처럼 현재의 도로교통법에는 75세 이상의 고령 운전자가 정식으로 인지증으로 판단되는 경우 면허가 취소된다. 그러나 나는 이것은 불합리하다고 생각한다. 그것은 인지증을 차별하는 이외에 아무것도 아니다. 지능 테스트 등을 실시해 인지증이 일정 이상 중하고 자동차의 운전이 불가능하다고 판단되는 시점에 면허를 취소하는 것이 본래 이루어져야 할 조치이다. 인지증에 관해 이러한 오해가 만연해 있기 때문에 무턱대고 무서운 질병이라는 불안감을 조성하는 측면이 있다.

인지증이 되면 확실히 건망증 등이 시작되고 할 수 없게 되는 일들이 조금씩 늘어나게 된다. 그러나 할 수 있는 일들도 남아있다. 인지증이 됐을 때 그로 인해 잃어가는 것들이 아닌, 남아있는 것들에 눈을 돌리는 것이 매우 중요하다.

인지증이 진행될수록
이상적인 노년이
될 수 있다?

'인지증만은 걸리고 싶지 않다'라는 목소리를 자주 듣지만 인지증은 그 정도로 꺼려야 할 것인가.

예전에 전위예술가 작가 아카세가와 겐페이 씨가 베스트셀러가 된 〈노인력〉(치쿠마쇼보)이라는 책에 쓴 것처럼 '건망증이 심해졌다'는 것은 '잊을 수 있는 힘이 생겼다'라고도 말할 수 있다. 싫은 것을 잊을 수 있고 싫은 것을 그다지 인식하지 않게 되는 것은 쉽게 살아가기 위한 생물적인 적응현상일 가능성도 있다.

실제로 고령자 시설 등에 가보면 인지증이 심한 정도이더라도 상냥한 사람들이 많다는 인상을 받는다. 인지증은 주위로부터 비참한 병으로 보이기 쉽지만 정작 본인은 행복할지도 모른다.

인지증은 인간의 생존본능과 같은 것을 느끼게 해주는 병이기도 하다. 나는 이제까지 3천 명 정도의 인지증 환자들을 진찰해왔다. 그중에는 길을 배회하다 넘어진 사람은 있어도 길에서 차에 치인 사람은 한 명도 없다. 인지증에 걸리면 아무것도 판단하지 못하게 된다고 생각하기 쉽지만 인지증이 상당히 진행된 사람도 차가 가까이 오면 위험하다고 느끼고 피하는 것이다. 그러한 '무서운 것을 무섭다고 느끼는 감각'은 최후까지 남는 것이다.

인지증이 되면 자신의 몸을 지키기 위해 보다 안전하게 행동하는 경향이 강해진다. 예를 들어 인지증인 사람이 물건을 가격을 모르게 되는 경우, 자신이 생각한 가격으로 억지로 지불하려고 하는가 하면 그렇지 않다. 120엔의 주스를 사려고 할 때 같은 물건이 예전에 40엔이었다는 기억밖에 생각나지 않아도 계산대에 40엔을 내지는 않는다. 틀렸다면 창피하기도 하고 점원에게 한 소리 들을지도 모른다. 그런 위험을 피하기 위해 가격을 모르면 일단 1000엔짜리를 꺼내 놓는 것이다. 이처럼 인지증인 사람은 안전책으로 '대는 소를 겸한다'는 대응을 하게 된다. 아주 소액의 물건도 1000엔짜리를 꺼내기 때문에 지갑이 동전 투성이인 일이 자주 있다.

또 '누구에게나 경어를 쓴다'는 것도 그 일환이다. 고령의 부모를 둔 아들이 부모가 자신에게 경어를 쓰기 시작한 것에 놀라 '인지증에 걸린 것이 아닌가'하고 당황하며 부모를 데려와 진찰받게 하는 경우가 자주 있다. 이전에 근무했던 고령자 전문병원에서도 예전에 장관과 사장을 역임했던 입원 환자가 처음에는 병원 직원에게 거만한 태도를 취하더니 인지증이 진행되자 누구에게도 정중하게 말을 건네는 것을 본 적이 있다.

상대가 누구인지 알지 못하게 되면 말썽을 일으키지 않기 위해 일단 누구에게도 정중하게 대하게 되는 것이다. 결과적으로 인지증이 진행될수록 항상 상냥하고 누구에게도 온화하게 대하는 이상적인 고령자가 되는 측면이 있다.

그러나 인지증인 사람도 불쾌한 일을 당하면 화를 낸다. 오히려 화를 내면 조절이 안 되는 공격적인 문제 환자로 여겨지는 경우가 있다. 졸저 〈내가 고령이 된다는 것〉(신코우샤)이라는 책의 아마존 서평에 '돌봄복지, 요양의료 등에 접할 기회가 많았던 저로서 솔직히 말씀드리면, 인지증이 진행되어 주위와의 소통장애가 일어난 분이 행복해 보이는 경우는 거의 본 적이 없습니다.'라는 코멘트를 받은 적이 있다. 시설에 들어온 고령자에게 상당히 심한 대응을 하는 시설의 관련자가 아닐까 하는 의문을 느꼈다. 보통 행복해 보이는 인지증 환자라도 폭언을 듣거나 아이 취급을 받으면 화를 내기도 하고 불행해 보이기 때문이다. 확실히 이해력이 상당히 저하되어 있기 때문에 친절하게 대해도 그렇게 받아들이지 않고 심한 일을 당했다고 느끼고 난폭하게 구는 경우가 있다. 예를 들어 기저귀를 교환하게 되는 경우 등에 있어서 특히 여성은 무리하게 속옷을 벗긴다고 느끼기 때문에 격렬히 저항하거나 간병인을 걷어차는 경우가 있다. 하지만 그런 경우가 아닐 때는 싱글벙글 웃고 있는 일이 많다. 그렇기에 위의 코멘트를 남긴 분이 어떤 돌봄복지에 관련되어 있는지 의문이 생겼다. 하지만 이 코멘트가 참고가 되었다는 사람도 상당수 있는 것으로 보아 세간에는 이렇게 생각하는 사람들도 있다는 점을 자각했다.

어쨌든 인지증은 과도하게 무서워할 것은 아니다. 노망든다는 공포에 벌벌 떨며 지내봐야 아무것도 좋을 일이 없다.

인지증의 예방을 위해 소위 뇌 트레이닝 퍼즐 등을 하는 것도 나쁘지 않으나 대개 시시해서 그만두거나, 계속한다고 해도 퍼즐의 성적이 오를 뿐 뇌가 건강하게 될 리는 없다.

그것보다도 하찮은 얘기라도 좋으니 누군가를 만나 수다를 떠는 등 사람과 소통하는 쪽이 뇌의 활성화로 이어지고 기분상으로도 건강해질 것이다.

불안을 제거하는 것이 아닌
공존하는 것을
생각하자

일반적으로 바이러스는 되도록 숙주를 죽이지 않고 동료를 늘려가는 생존전략에 따라 변이를 거듭하는 과정에서 약독화 되면서 동시에 감염력이 강해진다. 바이러스라는 것은 항상 변이하면서 강독화 될 수도 있지만 약독화 된 바이러스에게 생존경쟁에서 이기지 못하므로 결국은 약독화 한 것이 유행하게 된다. 이미 몇 번이고 변이를 거듭한 신형 코로나 바이러스도 그것이 향하는 방향은 최종적으로는 매년 수천만의 사람이 걸리는, 대부분이 극히 가벼운 증상의 감기 같은 것으로 향할 것이다. 하지만 감염력은 이전의 것보다 강해진 것이 남아있게 되는 것도 사실이다. 그것을 감안하면 신형 코로나를 없애는 것은 현실적이지 않고 어떻게 공존해 나갈 것인가를 생각할 수밖에 없다.

마찬가지로 나이를 먹는다는 것은 '뭔가와 함께 사는'것이라고 생각한다. 아무리 병에 걸리지 않으려고 조심해도 인간은 병에 걸린다. 나이가 들면 더더욱 그렇다.

어느 정도의 고령에서 몸 안에 나쁜 곳이 없는 사람은 거의 없다. 고혈압, 당뇨, 알츠하이머, 암 등 뭔가 병을 앓고 있는 것이 보통이다. 그것을 전부 없앤다는 발상이 아닌 그것이 있다는 전제로 살 필요가 있다.

정신과의 모리타 마사타케 씨가 창시한 '모리타 요법'이라는 마음의 치료법이 있다. 모리타 요법의 최대의 특색은 불안을 갖고 있는 사람으로부터 불안을 제거하는 것이 아닌, 불안을 안고 있는 그대로 어떻게 살 것인가를 생각하려는 것이다. 증상불문이라 하여 증상에 관해 이것저것 묻지 않는데 이것은 증상을 치료하는 것보다 더 중요한 것에 눈을 돌리게 하기 위한 기법이다. 예를 들어 얼굴이 붉은 것을 고민하여 그것을 고치고 싶어하는 사람이 있다고 하자. 모리타 요법에서는 거기서 왜 고치고 싶어하는가를 묻는다.

'얼굴이 붉으면 사람들이 싫어하니까'라는 대답이 나오면 그 사람이 본질적으로 추구하는 것은 '붉은 얼굴의 치료'가 아닌 '사람들로부터 호감을 받는 것'이다. 그 지점에서 이렇게 제안한다.

'얼굴이 붉어도 사람들로부터 호감 받는 사람은 있다. 얼굴이 붉지 않아도 사람들로부터 미움 받는 사람은 더욱 많다. 얼굴이 붉은 것을 고친다 해도 사람들로부터 호감을 받는 노력을 하지 않는 한, 호감을 받게 되는 일은 없다. 나는 당신의 얼굴이 붉은 것을 낫게 할 수 없지만 당신이 어떻게 하면 사람들로부터 호감을 받게 될 것인가를 함께 생각해 볼 수 있다.'

그래서 예를 들면 화술을 연마한다든가 웃는 얼굴을 멈추지 않는다든가 아니면 '존경하는 사람 앞에서는 얼굴이 붉어져요. 죄송합니다.'와 같은 인상을 좋게 해줄 양해의 언어를 준비하는 등 얼굴이 붉은 채로도 사람들에게 호감을 받는 방법을 생각해 조언하는 것이다. 즉 이런 경우에서는 '얼굴이 붉은 것과 함께 살아가기'를 지향하는 것이다. 마찬가지로 병에 걸린다는 불안을 완전히 제거하는 것은 불가능하지만 그것을 끌어안으면서 행복하게 사는 것은 가능하다. 그리고 어떻게 하면 그것이 가능할지를 생각하는 쪽이 건설적이다.

건강진단의 결과보다도
장수하기 위해
중요한 것

병이 있어도 그것을 안은 채로 행복하게 사는 '병과 함께 살아가기'에 관해 구체적으로 생각해보자.

먼저 **'인지증과 함께 살아가기'**다.

나 같은 고령자 전문 의사가 인지증인 환자의 치료와 돌봄에서 가장 중요하게 생각하는 것은, 지금 가능한 일을 되도록 길게 계속하게 하는 것이다. 예를 들어 요리가 가능하고 운전이 가능하다면 그것을 가능한 한 계속하자. 지금 가능한 것 즉 잔존기능을 어떻게 유지할 것인가가 중요하다.

인지증이 되면 할 수 없게 되는 일이 조금씩 늘어난다. 그리고 유감이지만 할 수 없게 되는 일들이 다시 가능하게 되는 확률은 극히 낮은 것도 사실이다. 인지증인 고령자를 돌보는 가족이 '저번 달까지는 이게 가능했는데 지금은 안 된다'고 말하는 한탄을 자주 듣는데 불가능하게 된 일에 매달려도 안타깝지만 다시 할 수 있게 될 가능성은 낮다.

그것보다 '지금, 아직 할 수 있는 일은 무엇일까'에 눈을 돌려 그것을 소중하게 여기는 쪽이 훨씬 의미가 있다. 잔존기능을 살려 어떻게 살 것인가를 생각해보자. 특히 인지증의 초기 단계에서는 건망증 등의 기억장애가 생기는 정도이기 때문에 할 수 있는 일들은 상당히 많다.

예를 들어 하세가와 카즈오 선생처럼 자신의 증상을 밝히고 인지증에 대한 이해를 넓히는 활동도 가능할지도 모른다. 또 인지증이 되면 최근의 일에 대한 단기 기억은 사라지기 쉽지만 과거의 경험 등의 장기 기억은 남기에, 예를 들어 전쟁에서의 추억담처럼 과거의 경험을 소재로 한 강연회 등을 한다든가 책으로 엮는 일도 가능하다.

다음은 '**암과 함께 살아가기**'다.

내가 진찰해 온 바에 의하면 고령자의 경우 암을 제거하는 수술을 하면 수술 자체에 대한 부담으로 체력이 큰 폭으로 떨어진다. 위암 등의 소화기계의 암이라면 제거하는 것으로 영양의 섭취에 장애가 생기기 때문에 수술이 잘 됐더라도 그 후에 비쩍 여위게 되는 것이 대부분이다. 고령자의 암은 '생기면 어쩔 수 없지'라고 생각하고 제거하는 것보다 공존하며 살아가는 것을 생각하는 쪽이 그 후의 생활의 질을 높게 한다고 나는 확신한다. 오래 살 수 있을까 라는 시점에서도 고령자의 암은 일반적으로 젊은 세대의 암보다 진행이 느리기 때문에 암에 걸린 채로도 결과적으로는 꽤 장수하는 케이스도 드물지 않다.

다음은 '**생활습관병과 함께 살아가기**'다.

혈압이나 혈당치, 콜레스테롤 수치를 내리기 위해 약을 복용하고 식생활을 제한하는 고령자가 꽤 많다. 혈압을 내리는 것은 고혈압으로 인해 혈관이 파괴되어 뇌졸중이 일어나는 것을 방지하기 위해서이다. 확실히 쇼와 40년대(1965~1974) 정도까지는 혈압이 불과 140이나 150 정도에도 혈관이 파열돼 뇌졸중으로 사망하는 경우가 많이 있었다. 당시에는 국민의 단백질 섭취량이 적었고 혈관이 낡은 타이어처럼 터지기 쉬운 상태인 사람들이 많았기 때문이다. 그러나 영양상태가 개선된 지금은 만약 혈압이 200이 된다 하더라도 동맥류가 아닌 이상 혈관이 파괴되는 일은 거의 없다. 그렇다면 무엇을 위해 혈압 혹은 혈당치나 콜레스테롤 수치를 내리는 것이 권장되는가 하면 대부분 동맥경화를 예방하기 위해서다. 하지만 아무리 생활습관에 주의를 기울여도 고령이 되면 누구라도 대부분 동맥경화가 일어난다. 그리고 이미 동맥경화가 일어나 혈관벽이 두꺼워진 다음에는 오히려 혈압이나 혈당치를 약간 높여 놓지 않으면 산소와 포도당이 뇌로 퍼지기 어려워진다. 고령이 되면 '고혈압, 고혈당과 공존하는'것을 생각하는 편이 상당히 합리적이다.

반면 '병과 함께 살아가기'가 어려운 사람에게서 보기 쉬운 것은, 건강진단의 검사 데이터가 조금이라도 이상이 있으면 필사적으로 정상치로 되돌리려 한다든가 젊었을 때 수준의 능력을 지키려 안간힘을 쓰거나 하는 것이다.

중장년이라면 그것도 아직 의미가 있다고 생각한다. 하지만 고령이 되면 건강진단의 결과보다도 넘어지지 않는 것과 식사를 제대로 하는 것에 신경 쓰는 것이 장수하는 데 더 의미가 크다.

'병과 함께 살아기기'가 당연한 것이라는 발상이 된다면 노화를 받아들이는 것도 더욱 능숙해진다. 원래 고령자 중에는 예기불안과 같은 것으로 진정한 자신을 억누르고 있는 사람이 많다고 느껴진다. 나이가 들어 완전히 시든 인상의 사람, 빛이 사라진 사람들의 대부분이 그렇다고 본다.

그것은 대단히 안타까운 일이다.

고령자가 됐을 때
약과 잘 어울리는
방법

혈압과 혈당치가 높은 사람이 수치를 내리기 위한 약을 복용하면서 머리가 빙빙 도는 증상을 겪는 일이 있다. 4,50대의 사람이 동맥경화를 예방하기 위해서 그런 것들을 복용하는 것은 알지만, 이미 동맥경화의 진행이 일어났다고 여겨지는 나이대에서라면 머리가 빙빙 돌 정도면 복용을 그만두거나 양을 줄이는 발상을 가지는 것이 좋다고 생각한다. 애초에 일본에서 먹으면 오래 산다고 알려진 약 따위는 거의 존재하지 않는다. 대부분의 약은 그것을 먹으면 혈압과 혈당치가 내려가는 즉각적인 효과는 있다. 그러나 계속 먹는다고 10년 후에 심근경색이 될 확률이 낮아진다든가 하는, 장기간 복용했을 때 어떤 효과가 있는지는 잘 모른다. 그것을 검증하기 위한 대규모의 조사는 거의 행해지고 있지 않기 때문이다. 혈압약 등을 먹어도 연령과 더불어 동맥경화는 착실히 진행되어 가므로 심근경색이 오는 일이 생긴다. 그렇다면 심장도크*를 받아서 심장을 둘러싼 관상동맥에 동맥경화로 좁아진 부분이 없는가를 조사해, 발견하면 혈관을 넓히는 처치를 하는 편이 심근경색의 예방에 효과적이다.

또한 인지증이라고 진단 받았다면 인지증의 치료약을 복용하는 것이 좋은가 묻는다면 그것도 어려운 문제다. 일본에서는 1999년에 인지증의 진행을 늦추기 위한 '도네페질(제품명 〈아리셉트〉)'이라는 약이 처음 인가를 받았다. 다음 해인 2000년에 개호보험제도가 시작돼 그 시기를 경계로, 실제 고령자의 인지증 진행이 느려지고 있는 경향을 보인다. 다만 그것이 약의 효과인지 아니면 개호보험제도에 따라, 이전까지 가족돌봄으로 집에 틀어박혀 있기 쉬웠던 인지증의 고령자가 데이서비스(한국의 주간보호센터와 유사) 등의 이용으로 뇌에 자극을 받는 기회가 늘어난 효과인지는 판단이 엇갈린다.

알츠하이머형 인지증은 뇌의 신경세포 안까지 아밀로이드 베타라는 단백질이 퍼져 발병한다. 현재 인지증의 치료에 사용되는 약은 아밀로이드 베타가 늘어나는 것은 방지하는 것이 아닌, 아세틸콜린이라는 신경전달물질을 늘림으로써 뇌내 신경의 움직임을 활발하게 하는 것이 중심이다. 그러한 약은 인지증의 진

* 허혈성심질환 등 심장병의 위험을 조사하는 검사 코스의 총칭

행을 다소 늦춰주는 효과가 있지만 말그대로 '다소' 정도이다. 다소라도 효과가 있다면 먹는 것도 좋고 아니면 그 약값으로 월 1회 맛있는 음식을 먹는 발상도 좋다. 그것은 개인의 사는 방식, 생각하는 방식에 달렸다고 생각한다.

현재까지는 인지증의 근본적인 치료약은 없다. 아밀로이드 베타가 뇌 안에 퍼지는 것은 방지하는 신약으로 주목받은 '아두카누맙'은 현시점에서는 인지증의 진행 억제에 유효하다 할 만한 데이터가 없어 2021년 후생노동성에서 승인이 보류됐다.

인지증의 근본적인 치료약이 가능할지 어떨지는 어려운 부분이다. 아밀로이드 베타가 뇌 안에 퍼지는 것을 방지하는 것이 가능하다 해도 그것이 유효한 것은 어쩌면 인지증이 되기 한참 전의 단계일 수도 있고, 인지증이 일종의 노화현상인 이상 아밀로이드 베타의 축적만을 멈춘다고 발병을 방지하는 것이 가능할지도 의문이기 때문이다. 아직 그 부분을 알 수 없다.

또 우울증 약에 관해서는 '행복호르몬'으로도 불리는 뇌 안의 신경전달물질 세로토닌의 움직임을 증강하는 'SSRI'(선택적 세로토닌 재흡수 차단제)라는 약이 있다. 젊은 사람에게는 별 효과가 없다는 문제가 지적됐지만 내 경험으로는 고령자의 경우는 비교적 효과가 있는 사람이 많은 것 같다. 물론 그렇다고 모든 사람에게 효과적일 수는 없다.

약은 적어도 장기적으로 보면 효과가 확실하지 않은 것이 대부분이고 게다가 사람에 따라 맞고, 맞지 않는 차이가 크다. 모든 약에 대해 '절대로 먹지 않으면 안 된다'가 아닌, '효과는 잘 모르겠고 그다지 기대는 하지 않지만 먹어보자'정도의 태도를 가지는 쪽이 좋다고 생각한다. 또 하나 더 추천하고 싶은 것은 '편안해지면 먹고 불편하면 먹지 마라'는 것이다. 감기약이나 두통약은 먹지 않으면서 혈압약은 매우 소중히 먹고 있는 고령자를 자주 본다. 이미 일상적으로 먹고 있는 약에 더해 별도의 약을 먹는 것은 몸에 나쁘다고 생각하는 것 같지만, 감기의 증상이나 두통이 괴롭다면 그것을 완화해주는 약을 먹는 것에 주저할 필요는 없다고 생각한다. 오히려 혈압약 등이야 말로 그것을 먹었을 때 상태가 안 좋아진다면 굳이 무리해서 먹을 필요가 있을까 생각한다. 어떤 약이라도 장기간에 걸쳐 복용을 계속하는 약이 부작용이 생기기 쉽다는 것은 명확하다. 감기약처럼 일시적으로 복용할 뿐인 약으로 인해 몸에 돌이킬 수 없는 해가 생긴다고 생각하기는 어렵다.

고령이 될수록 많은 사람들이 약을 일상적으로 몇 종류나 복용하게 된다. 그러면 그럴수록, 약과 어울리는 방법을 다시 한번 생각해 볼 필요가 있다고 생각한다.

고독을 두려워하지 말고
좋아하는 삶의
방식으로

현재 혼자 사는 65세 이상의 고령자는 일본에 670만 명이 넘는다고 한다.

단신의 고령자가 큰 사건을 일으켰다 하면 고령자의 고립이나 고독의 문제가 미디어에 크게 보도되지만, 혼자 사는 고령자 모두가 고독감으로 궁지에 몰리는 것도 아니고 고독을 능숙하게 삶의 방식으로 하는 몇 백만 단위의 사람들도 존재한다.

2018년 경찰청의 '자살통계'의 집계 결과(후생노동성 작성)를 보면 고령의 자살자는 남녀 모두 독거인 사람보다도 동거인이 있는 사람의 비율이 높다는 것을 알 수 있다. 이러한 경향은 고령자에 한한 것이 아닌 전 연령대에서 보이는 것인데, 특히 고령자의 경우는 혼자 있는 고독감보다도 동거하는 가족 등에 폐를 끼친다는 죄악감이 자살로 이어지기 쉽다고 추측하는 것도 가능하다.

혼자 살며 누구에게도 보살핌을 받지 못하고 사망하여 며칠이나 지나서야 발견되는 소위 '고독사'를 무서워하는 사람들도 많지만, 죽은 후 며칠 동안 누구에게도 발견되지 않았다는 것은 뒤집어 말하면 죽기 직전까지 멀쩡했다는 가능성도 있는 것이다.

왜냐하면 지금은 요개호인정*을 받은 고령자라면 거의 예외 없이 어떤 복지 서비스와 연결되어 있다. 따라서 일상적으로 지원이 이뤄지기 때문에 만약 고독사를 하고 싶어도 할 수 없게 된다. 자살 등의 경우를 제외하면 고독사는 병들어 누워만 있는 것이 아닌, 건강하게 살다가 마지막 순간을 맞이하는 이상적인 죽음의 방식이라고도 말할 수 있다.

'고독'이라는 단어에 과민하게 반응하여 '고독사 하고 싶지 않아'라며 불안해 하는 것보다 혼자서 사는 것을 즐기는 편이 훨씬 의미 있다. 혼자 있으면 가족 등으로부터 간섭 받지 않고 자신이 좋아하는 것을 할 수 있다. 예를 들면 식사를 할 때도 가족으로부터 '건강을 위해'라는 명목으로 잔소리와 제한을 받는 일도 없이 좋아하는 음식을 즐길 수 있다. 집에서 무엇을 하고 지내든 누구에게도 불평을 들을 일도 없다. 물론 고독한 고령자가 품위가 있고 그렇지 않은 고령자는 품위가 없다는 '고독지상주의'적인 의

---

* 개호보험제도에서 병이나 인지증 등으로 상시 개호(간호)를 필요로 하는 상태인지 여부, 정도를 판정하는 것

미로 말하는 것은 아니다. 제3장에서 말하겠지만 자신의 생각을 그대로 나타내는 것이 고령기에는 특히 중요하다. 그런 의미에서도 말할 수 있는 상대의 존재와 타인과의 교류는 꼭 필요하다고 생각한다.

한 가지 말할 수 있는 것은 고독을 두려워하여 불안으로 안절부절 못하면 원하는 삶을 살 수 없다는 것이다. 예를 들어 어느 정도 재산이 있는 고령의 남성이 아내를 먼저 보내고 나서, 자신을 돌봐주는 여성이 나타나 그 사람과 결혼하고 싶다고 하면 그의 자식들은 거의 틀림없이 반대할 것이다. 아버지의 재산을 그 여성에게 뺏기고 싶지 않기 때문이다. 하지만 그 재산은 그가 이루어 온 것인 이상, 자신의 행복을 위해 사용해야 할 것이지 자식을 위해 남기기 위한 것은 아니라고 생각한다. 그렇지만 그런 경우 많은 사람들이 결혼을 포기하게 된다. 만약 그 여성이 재산을 목적으로 했다고 하더라도 상대가 죽기 전까지는 이혼당하지 않아야 유산을 받게 된다. 그리고 상대의 간호를 하지 않는 것은 정당한 이혼사유가 되기 때문에, 그 여성의 의도가 무엇이든 간에 결혼하면 남자를 소중히 대하게 되고 남자도 외롭지 않게 되는 것이다.

그럼에도 불구하고 자식들의 반발을 두려워하여 결혼을 포기하는 것은, 정말 바보 같은 일이 아닐 수 없다. 자식들에게 미움 받아 고독해질 것을 두려워하는, 다른 무의미한 고독에 빠지게되는 것이다. 평생 필사적으로 열심히 모은 재산이 있는데도 그것을 활용하지 못하고 그것 때문에 오히려 불행해지는 것. 나는 그것을 '부자의 패러독스'라고 부른다.

서양의 부자들이라면 자신의 돈을 보고 오는 자식들에게 의지하는 것보다, 오히려 돈을 써서 자신이 선택한 파트너와 같이 자신의 행복을 추구하는 쪽을 선택할 것이다. 나는 그런 쪽이 훨씬 건전하다고 생각한다.

고독을 즐길 것인가 말 것인가는 어찌 됐든 간에, 고독감과 불안에 사로잡히는 것에서 편안해지는 것이 낫고 그것으로 인해 인생의 행복도가 올라갈 것은 확실하다.

혼자가 됐을 때의
예행연습을 해보자

프로야구 선수와 감독으로 활동했던 노무라 카츠야 씨는 만년에 아내인 사치요 씨를 먼저 보내고 쇠약해져 2년 정도 후에 뒤를 따르듯 사망했다. 그렇게 힘이 넘치던 사람도 배우자를 잃자마자 쇠약해진 것이다. 그만큼 부부사이가 화목했던 것이리라. 그가 몸이 쇠약해졌다는 보도가 있긴 했지만, 고령자의 경우 우울증 상태에서 식욕부진이 되면 확실히 몸이 약해진다. 혹시 고독에 대한 위험예방 같은 것이 없었기 때문이 아닌가 하는 생각이 들었다.

고령이 되어 현실에서 혼자 살게 되기 전에, 고독을 즐기는 법을 조금씩 배워 두는 것이 좋다고 생각한다. 가끔은 혼자서 서재에 틀어박혀 책을 읽는다든가 유튜브의 웃기는 영상을 보고, 온라인으로 바둑이나 장기의 대국을 보는 등 즐겁게 시간을 보내는 방법을 찾아보자.

고령이 될수록 '고독해지는 것만큼은 싫다', '인지증이 되는 것만큼은 싫다' 등의 예기불안적인 발상이 강해진다. 하지만 인지증이 되기 싫다고 생각해도 막상 인지증이 된 초기에는 자신이 알아차리지 못하는 경우가 많고, 상당히 진전되면 자신이 노망들었다는 것조차 인식하기 어렵다. 그렇게 생각하면 인지증이 되어 본인이 고통받는 시간은 그렇게 많지 않다고도 할 수 있다. 불안했는데 실제로 되어 보니 그렇지도 않다고 하는 경우가 의외로 많다.

일본인의 좋지 않은 점의 하나는, 예기불안이 강한 것에 비해 실제로 그렇게 됐을 경우에 대한 대책을 세우지 않는 사람이 많다는 것이다. 예를 들어 '암에 걸리고 싶지 않다'고 말하며 자주 검진을 받는 사람은 흔하지만, 실제로 암에 걸렸을 때 어느 병원에 갈 것인가를 결정하는 사람은 거의 없다. '노망들고 싶지 않아'라고 말하는 사람은 많은 것에 비해 인지증이 됐을 경우에 개호보험을 어떻게 신청하고 어떤 서비스를 받을 수 있는가를 조사해서 파악하고, 어떤 요양원에 들어갈 것인가를 결정하는 사람은 좀처럼 없다.

예기불안으로 불안해 하며 살 바에는 만약 그렇게 됐을 경우 어떻게 될 것인가를 '예행연습'해 보는 쪽이 좋다고 생각한다. 예를 들어 고독의 예행연습으로서 혼자서 여행을 한다든가 위클리

맨션을 1주일 빌려서 혼자서 살아보는 것이다. 불안하게 생각했던 것이 실제로 어느 정도의 것인가를 체감해 보면, '만약 그렇게 돼도 대단한 것은 아니네'라고 생각할 수 있게 된다. 그것이 내 자신 스스로의 여유를 늘려주게 된다.

제3장

상식에 얽매이지 않는
재미있는
노년이 되자

박학다식＝현명함은
아니다

나이가 들어도 현명한 사람이고 싶다는 생각으로 지식을 쌓기 위해 열심히 책을 읽는 고령자들이 꽤 있다. 일본에서는 오랜 기간 박식한 사람이 현명하다고 여겨지고 인기가 있었다. 실제로 미디어가 발달하지 않은 시대에는 인생경험이 풍부하고 이런 저런 것들을 알고 있는 고령자가 현명한 '마을의 장로'로서 존경을 받아왔다. 그런 풍조가 지금도 남아있어 TV 퀴즈 방송에서 좋은 성적을 올린 박식한 연예인이 '현명한 사람'이라는 이미지를 갖게 된다.

하지만 유감스럽게도 시대가 변했다. 박식한 사람이 아무리 자랑스레 '아무도 알지 못하는 지식'을 늘어놓아도, 앞에 있는 상대가 스마트폰으로 검색만 하면 훨씬 상세한 정보가 바로 나온다. 그런 시대가 됐기에 이미 박식함의 가치는 폭락했다.

인지심리학에서도 지식이 많을수록 '머리가 좋다'가 아닌, 그 지식을 사용해 추론하는 능력이 머리가 좋음의 척도로 여겨진다. 즉 지식 그 자체보다도 지식을 가공하여 새로운 생각의 방법을 만드는, 그 가공능력이 중시되는 것이다.

너무 지식이 없으면 그것을 가공해 나오는 것도 한계가 있기 때문에 박식한 것이 나을 수 있지만, 그것 이상으로 중요한 것이 지식을 가공하는 능력이다. 요약하면 퀴즈 방송에 강한 모습을 보여주는 연예인이 정말로 머리가 좋다면 그만큼의 풍부한 지식을 가공해 재미있는 만담이나 콩트를 보여줄 수 있을 것이다.

나이가 들어서도 '머리가 좋은 사람'이고 싶다면, 예를 들어 TV 뉴스의 해설에 대해 '그랬구나'라고 납득하고 마는 것이 아니라 거기서 그 의견과 다른 것을 말할 수 있는가를 생각해 보는 것이다. 지식을 그대로 통째로 받아들이는 것이 아닌, 자신의 머리로 생각해서 가끔은 트집을 잡는 느낌으로 자신만의 의견을 말해보는 습관을 들이는 것이 중요하다. 뉴스를 보다가 캐스터나 해설자가 말하는 것에 대해 이것 저것 트집을 잡는 고령자들이 예전에는 많았는데 최근에는 좀처럼 보기 어렵다. 대부분의 사람들이 순순히 '그랬구나'하고 받아들이는 듯하다. 그러나 그래서는 당연한 것 말고는 말하지 못하는 사람이 돼 버린다.

상식적이지 않은 것이야 말로
고령자의
재미있는 점

나이가 들수록 상식적인 것을 말하고 싶어하는 경향이 있지만 당연한 것, 상식적인 것만 말하는 한 '재미있는 노인'은 될 수 없다. 상식적이고 혹은 도덕적인 고령자야 말로 '품격 있는 사람'이라고 생각되기 쉽지만 나에게 있어서는 그것은 '그냥 보통사람'이다.

　나중에 말하겠지만, 내 기준에 상식에 사로잡히지 않은 삶을 산 노인의 이미지는 탤런트 타카다 준지 씨다. 이 타카다 씨가 마이니치 방송 '정열대륙'(2015년7월방송)에서 이런 이야기를 했다.

　'나이 들어서 하면 안 되는 것은 〈**설교**〉, 〈**옛날얘기**〉, 〈**자기자랑**〉.' 과연 명언이 아닐 수 없다.

　'윗사람의 설교는 재미없어'라고 젊은 세대에게 거북하게 여겨지는 것은, 고령자들이 말 안 해도 아는 것들을 이야기하기 때문이다. 같은 설교라도, 이를테면 세토우치 자쿠초 씨의 설교의 경우 다른 사람들에게서 듣지 못하는 것을 말해주기 때문에 많은 사람들이 듣고 싶다고 느낀다. 나이가 들었다는 것은 이제 와서 상식에 얽매일 필요가 없다는 것이다. 더욱이 상식적이지 않은 것이야 말로 고령자들의 재미있는 점이기도 하다. 다만 이것이 비상식적인 노인이 되라는 말일 리는 없다.

TV의 정보 프로그램의 해설자는 아주 똑똑해 보이고, 잘 들어보면 상식적인 말만 하는 사람들이 있다. 반면 지리멸렬해 보여도 다른 사람과는 다른 것을 말하려 노력하는 사람도 있는데, 그런 사람은 역시 존재감이 눈에 띄게 된다. 약인지 독인지 모를 단순히 박식하기만 한 고령자가 되기 보다, '다들 이렇게 생각할지도 모르지만, 이건 어때?'라고 말할 수 있는 누구와도 다른 시각을 가진 '재미있는 고령자'를 목표로 하는 쪽이 매력적이지 않을까.

그러기 위해서는 스스로 생각하고, 사람들이 말하지 않는 것을 찾아볼 필요가 있다. 가령 고령자들이 모두 신형 코로나를 두려워하는 중에 '그렇기는 해도 작년에 인플루엔자로 내가 아는 사람 중에서도 2명이 죽었어. 노인들에게는 어떤 병이라도 죽을 확률이 높은 거니까 코로나가 특별히 더 무섭지는 않아'라고 말해보는 것이 한 예일 것이다.

들은 사람 중에서는 반발도 있을지 모르지만 '이 양반 재밌는 사람이네'라는 인상을 줄 거라고 생각한다.

혹은 전쟁에 관해 생각해보자. '일본도 전쟁에 휘말리게 되면 항전할 수 있는 힘을 키워야 한다'라는 논조에 대해, 전쟁을 실제 경험하고 공습피해를 받았던 고령자들 중에는 '전쟁의 비참함을 경험해 보지도 못했으면서 경솔한 소리 하지마라'고 말하는 사람이 많은 것도 사실이다. 하지만 거기서 '헌법 9조를 내세워 평화를 외치는 것만으로는 나라가 망한다. 그렇게 된다면 우크라이나의 시민들처럼 우리들이 최전선에 나서 싸워보자', '젊은이들이 희생될 정도라면 우리 고령자들이 방패가 되어주겠다' 등으로 말해 평화만 외치는 일본의 분위기에 일침을 놓아보는 건 어떨까. 실제로 나를 오래 담당했던 편집자는 유명한 노평론가로부터 '젊은이들을 대신해서 우리들이 죽겠다'라는 말을 듣고 감격해서 눈물을 흘렸다고 한다.

지금 일본을 전쟁이 가능한 방향으로 진행시키려는 정치가의 일족 중에 지난 대전에서 전사했던 사람이 하나라도 있을까. 메이지 시대까지는 특권계층의 자제도 전쟁에 보냈는데 어느 시기부터 그런 일족의 사람들은 기껏 내지근무로, 전사할 일은 매우 적었다. 육군대학교나 해군대학교 출신자들도 2세나 3세가 많고 그들은 다수의 병력을 전선에 보내고 특공대를 출동 시키면서, 자신들은 전장에 나가는 일은 없고 목숨을 아끼며 자신들이 있는 작전본부를 점점 후퇴시켰다.

죽음을 두려워하는 사람들이 전쟁을 이끌면 패배는 당연하다. 근래 아프가니스탄에 이슬람주의 조직 탈레반이 부활해 더한 과격파 조직의 이슬람국이 세력을 확대하고 있는데, 그들은 종교적인 신념에 의해 기본적으로 죽음을 기피하지 않는다. 그리고 죽음을 두려워하지 않고 싸우는 세력을 근절하는 것은 불가능에 가깝다.

그런 의미에서 보면 일본군의 상층부가 죽음을 두려워하지 않고 정말로 '일억총옥쇄'*의 각오로 본토결전에 돌진하고 산악 게릴라로 싸움을 계속하는 것을 택했다면, 결국 미국이 포기하는 형태로 일본이 승리했을지도 모르겠다. 역사를 되돌아보면 미국은 한국전쟁에는 승리하지 못했고 베트남전쟁에서는 패했다. 미국 본토에 피해가 없어도 파견된 병사가 일정 수 이상 전사하는 시점에서, 전비의 지출을 의회가 허가하지 않았으므로 전쟁의 속행이 불가능해지자 패전(철군)을 선택한 것이다. 대일전쟁에서도 일본이 결사항전하여 미국 국민과 의회가 전쟁을 그만하자는 분위기가 확산됐다면 그렇게 됐을지도 모르겠다.

그러나 만약 그렇게 이겼다 하더라도 일본은 돌이킬 수 없을

* 일본 국민 모두가 전사한다는 뜻

만큼 너덜너덜한 나라가 됐을 것이다. 그런 의미에서는 군의 상층부가 죽음을 두려워하는 사람들로 가득했던 것이 일본에게 있어서는 운이 좋았다고도 할 수 있다.

이런 식으로 여러가지 일들을 곰곰이 생각해 보는 것도 좋다. 어떤 일이라도 관계없지만 평범하지 않은 이야기, 재미있는 이야기를 하는 것을 의식하자.

'모르면 부끄러운 지식모음' 등의 것들을 열심히 읽는 사람들도 많지만 '모르면 부끄러운 것'이라는 말은 다시 말해서 '누구라도 알고 있는 것'으로 그런 것을 굳이 알 필요는 없다고 생각한다. 그것을 알면 다른 뭔가를 찾을 때 참고가 될지는 모르겠지만, 그런 것에 시간을 쓸 바에 다른 사람들이 말하지 않는 부분을 어떻게 찾을지를 생각해 보는 편이 낫지 않을까.

유니크한 발상은
학력과는 관계없다

'학력이 높은 사람은 배운 지식과 교양이 방해하여 자유로운 발상이 어려운 경향이 있다. 거꾸로 학력이 낮은 사람은 발상이 독특하여 과감한 일이 가능하다.'라는 말을 듣는 일이 있다. 예를 들어 일본을 대표하는 경영자로 성공한 파나소닉 그룹의 마츠시타 고노스케 씨는 심상소학교 4년에 중도 퇴학, 일본전산 창업자로 회장 겸 CEO인 나가모리 시게노부 씨는 직업훈련대학교(현재의 직업능력개발종합대학교) 졸업, 키엔스 창업자인 타키자키 타케미츠 씨는 현립 공업고등학교를 졸업했다. 그런 사람들을 보면 확실히 '학력은 방해된다'라는 부분이 있는 것 같다는 생각이 든다. 그러나 학력이 높지 않은 사람의 발상이 반드시 독특하다고 말할 수는 없다. '고학력인 사람은 재미가 없다' 등의 말을 듣기 쉬운데, 학력이 높지 않은 사람도 상식에만 얽매여 있는 한 재미있지 않다.

TV의 뉴스 방송에서 연예인이 해설자로 있는 나라는, 세계적으로 볼 때도 일본 정도일 것이다. 그들의 대부분은 고학력이 아니다. 그들이 '학력에 구애 받지 않는 사람'나름의 상당히 예리한 코멘트를 한다면 그들을 기용할 의미나 가치가 있다고 생각한다.

일례로 '코로나가 무서워'라고 부채질하는 보도 일변도였을 시기에 연예인 뉴스 해설자가 '코로나따위 단순한 감기 아닙니까. 코로나로 아이들은 전혀 죽지 않았죠?'라고 말한다면 그 의견의 옳고 그름이 어떻건 간에 그 사람이 그 장소에서 발언했다는 의미가 있다.

그러나 거기서 다른 출연자와 함께 '코로나는 무섭네요'라고 말하는 것뿐이라면 무엇을 위해 출연시킨 것인지 모를 일이다. 그럴 바에는 전문가라고 불리는 사람이 나와서 통계수학을 모토로 코멘트 해주는 쪽이 더 나을 것이다.

상식에 얽매이면 학력에 관계없이 재미있는 이야기를 할 수 없다. 바꿔 말하면 상식에 얽매이지 않아야 학력이 방해가 되지 않는다는 것이다. 앞서 말한 나가모리 씨나 타키자키 씨와 같은 사람은 학교에서 공부한 것에 얽매이지 않아 독특한 발상이 가능했다고 생각한다.

상식에 얽매이지 않고 국력을 증강시킨 두 명의 인물을 소개한다. 그들은 트루먼과 히틀러이다. 20세기 이후 미국의 대통령으로 유일하게 대학을 나오지 않은 사람은 해리 S. 트루먼이다. 그는 제2차 세계대전 후의 미국과 소련의 대립 중에, 국력증강을 위해 부유층의 소득의 세율을 최고 91퍼센트까지 올렸다. 경제학자가 보면 말도 안 되는 정책이지만 그는 '어쨌든 걷을 수 있는 곳부터 세금을 걷자'는 간단한 발상으로 그것을 실행에 옮겼다. 그러자 기업의 경영자들은 회사의 이익을 자신의 호주머니에 넣어봐야 세금으로 뺏길 뿐이라 생각해 종업원에게 통 크게 급여를 지불했던 것으로 보인다. 그 결과 노동자의 생활수준이 올라가 미국이 단번에 중류사회가 됐다. 어느 집이라도 TV, 자동차와 냉장고가 있는, 당시 일본인이 동경하던 '풍요로운 아메리카'가 출현한 것이다. 이 시기에 미국의 제너럴 일렉트릭, 포드 등의 세계적인 대기업이 성장했다.

전쟁 후는 전승국이라도 불경기가 되는 것이 보통이었으나 트루먼 대통령시기의 미국은 이례적이라 부를 정도였다. 경제학자 케인즈에 의한 '소득을 가난한 사람에게 재분배하면 총수요가 늘어난다'는 설을 뜻밖에 실증하는 형태가 된 것이다.

전임인 프랭클린. D. 루즈벨트 대통령은 1930년대에 세계공황을 극복하기 위해, 케인즈 경제학에 순응하는 형태로 뉴딜정책을 실행했으나 결과적으로 경기는 그만큼 좋아지지 못했다. 그 당시에는 부유층이 부를 독점하는 구도가 변하지 않고 빈부의 차가 그대로 였기 때문이다. 부유층이 부를 독점하고 있는 한 나라는 풍요로워지지 않는다. 그 점을 간파한 위정자의 한 사람이 의외로 그 유명한 아돌프 히틀러다.

그는 고속도로망인 아우토반을 건설하면서 공사비의 46퍼센트를 인건비로 하는 것을 법률로 규정했다. 공공사업은 건설업자에게 돈을 벌어주는 것이 아니고, 말단의 노동자까지 돈이 돌지 않으면 경기가 좋아지지 않는다는 것을 인식했기 때문이다. 그리하여 제1차 세계대전의 배상금에 허덕이던 유럽 최빈국 수준의 독일을, 그 배상금의 지급을 거부하고 이러한 정책으로써 정권을 장악한 1933년부터 5년 정도 만에 유럽에서 가장 풍요로운 나라로 끌어올렸다.

대학을 나오지 않은 트루먼과 정식 학력으로는 소학교밖에 나오지 않은 히틀러가 고학력의 정치가보다도 경제 측면에서 유효한 정책을 가능하게 했다(물론 히틀러는 학력이 없어서인지 도덕성이 없어서인지 그런 전쟁에 빠졌지만). 그것은 그들이 경제학 등의 상식에 얽매이지 않았기 때문이라고 생각한다.

고학력인 사람이
'재미없다'는 말을
듣는 이유

일본에서 고학력인 사람일수록 재미있는 발상이 어렵다는 말을 듣기 쉬운 것은, 대학교육에 문제가 있기 때문이라고 생각한다. 일본을 포함한 세계 대부분의 나라에서 초등교육과 중등교육은 지식을 가르치는 '주입식 교육'이다. 1960년대부터 1980년대에 걸쳐 세계적으로 주입식 교육을 다시 보자는 움직임이 퍼졌지만, 결과적으로 심각한 학력저하가 일어나 다시 주입식 교육으로 회귀했던 과정이 있었다. 그러나 일본에서는 그런 흐름에 역행하여 1980년 이래로 소,중학교의 커리큘럼은 계속 줄어들고 특히 2002년의 학습지도요령에서 소위 '유토리 교육'이 행해지는 이상한 사태가 일어났다. 하지만 대학교육은 일본과 해외의 경우가 전혀 다르다. 해외의 대학에서는 고등학교까지의 일방적인 주입식 교육의 형식에 의문을 가지고, 혹은 뒤집기 위해 다른 학생과 교수를 상대로 토론을 거듭한다. 그것이 해외의 대학교육이다.

그런데 일본에서는 대학에 들어가서도 교수가 말하는 것을 필사적으로 노트해 시험에서 그대로 쓰면 좋은 성적을 얻는다. 반면 해외의 대학에서 좋은 성적을 받는 것은 교수가 말하는 것에 반론하고 그 설을 뒤집어 보이는 학생이다.

입학시험의 면접에서도, 일본에서는 그 대학의 교수가 면접을 보지만 해외의 대학에서는 학생모집의 전문부서인 어드미션 오피스(admission office)의 면접전문관이 면접을 보고 교수에게 맞설 것 같은 학생을 일부러 뽑는다. 그렇기 때문에 노벨상급의 혁신적인 성과를 올리는 연구자들이 탄생한다. 일본인 연구자들이 노벨상을 수상하는 것은, 기본적으로 '위에 거스른다'는 경험이 있는 사람들이다.

시마즈 제작소의 타나카 고이치 씨, 아사히 카세이의 요시무라 아키라 씨, 니치아 화학공업의 나카무라 슈지 씨 등 일본의 노벨상 수상자에 기업연구자들이 눈에 띄는 것은, 일본에서는 대학보다 기업의 연구환경의 자유도가 높기 때문이다. 기업연구자 이외의 노벨상 수상자들은 해외에 유학해서 윗사람들과 싸워본 경험이 있는 사람들이다.

참고로 도쿄대에서 4명의 노벨 물리학상 수상자를 배출했는데, 도쿄대 이학부 물리학과에서는 학생에게 교수를 '선생'이라

부르지 않고 '씨'로 부르게 하는 등 대등한 입장에서 의논하도록 하고있다. 위에 있는 사람의 말만 듣는 한 우수한 연구는 불가능하다는 것, 이 당연한 것을 인식하고 있는 것은 도쿄대에서도 물리학과뿐이다.

한편 입학시에는 편차치(표준점수와 유사)가 가장 높지만 교수가 절대권력을 휘두르는 일본의 의학부 출신 중에서 노벨 생리학, 의학상을 수상한 한 사람이 야마나카 신야 씨다. 야마나카 씨는 해외에서 유학한 후 대학의학부의 의국에서는 충분한 연구환경을 얻을 수 없기 때문에 나라奈良 첨단과학기술대학원대학으로 옮겨 연구에 매진하여 노벨상을 수상했다.

일본인은 위에 거스르거나 자신의 머리로 생각하는 경험을, 적어도 대학교육까지는 거의 하고 있지 않은 세계적으로 볼 때도 보기 드문 국민이다. 해외에서는 대학과 대학원을 나온 사람쪽이 자유로운 발상을 가지는 것에 비해, 일본의 경우는 어느 대학에 들어간다 해도 자유롭게 두뇌를 쓰기 어렵기 때문에 고학력인 사람일수록 발상의 힘이 부족하다는 소리를 듣게 된다고 생각한다.

지금의 고령세대는 사회로 나오면서 자유롭게 생각하고, 의논하는 경험이 부족한 채 살아온 사람들이 많다. 그것은 직장의 환경 등에 따른 것도 크다고 생각하지만, 그로부터 해방된 지금

이야 말로 상식에 얽매이지 않는 '재미있는 사람'이 되는 기회가
아닐까.

지식에 경험을 섞어서
의논하자

2020년에 96세로 세상을 떠난 영문학자 토야마 시게히코 씨의 만년에 그와 잡지에 실릴 대담을 할 기회가 있었다. '고령자의 공부법'이라는 주제였는데 그는 처음부터 '노인은 공부따위 하면 안 된다'고 잘라 말했다. 지금은 '지식인'이라는 말이 사어가 되어가고 있다. 나는 앞으로의 시대에서는 '지식인에서 사상가가 되자'고 제언했는데, 그도 같은 생각이었다.

예를 들자면, 책을 읽어 공부한다는 것은 기존의 지식을 집어넣는 일에 지나지 않는다. 그리고 지금 시대에서는 기존의 지식은 내 손의 스마트폰 안에 거의 다 있다. 아무리 공부해서 기존의 지식을 머리 속에 넣어도 그것만으로는 새로운 것은 탄생하지 않는다.

그는 지식을 집어넣는 공부 대신에 주 2,3회 '입이 거친 노인'들을 모아 다같이 의논(토론)을 했다고 한다. 그것이 그에게 있어

'고령자의 공부'였던 것이다.

의논한다 즉 지식을 가공해 '자신의 생각'으로 내보내는 것, 이것을 의식하고 실행하는 것이 '현명한 노인'이 되는 유효한 방법이다.

의논하는 것은 어떤 것이라도 상관없다. '세간에서는 이렇다는데, 그거 어떻게 생각해?'라는 식으로 의논하면 유니크한 고령자가 되는 데 도움이 될 것이다. 뉴스를 보고 당연한 감상만 말해서는 의논이 되지 않는다. 예를 들어 단신의 고령자가 일으킨 흉악사건에 관해 '저런 짓을 하다니 심한 녀석이다'라고 말다툼해도 별 소용이 없다. 거기서 '고령자가 고독감에 막다른 곳에 몰리는 문제를 어떻게 하면 해결할 수 있을까'라는 생각부터 의논을 시작해보자. 무엇이 정답인가는 말할 수 없어도 어떤 의견이라도 내보는 것이다.

'고령자들이 매일 다니면서 다같이 왁자지껄 떠들 수 있는 거대한 목욕탕을 지역마다 만들면 좋지 않을까?'

'그러면 병원에 다니면서 대기실에서 떠들 필요가 없으니까 진료비도 꽤 줄일 수 있을지도 몰라'라는 식으로 생각했던 것을 점점 화제에 올리는 것이다.

나이를 먹는다는 것은 그때까지 배운 것과 경험이 그만큼 쌓였다는 것이다. 이런저런 일들에 지식을 그 자체로 이야기하는

것이 아닌, 자신들의 경험에 녹여서 이야기 하는 것이 고령자의
가치이자 강점이다.

어떤 이의 '격차가 없는 사회는 경쟁의식이 없기 때문에 사람
들이 움직이지 않게 된다. 따라서 격차는 필요하다.'라는 논조에
대해 '그렇게 말해도 〈일억총중류〉* 시기의 일본인들이 더 근면
했어. 마라톤에서도 자기 앞에 달리는 사람의 등이 보이면 필사
적으로 쫓아갈 수 있지만, 격차가 너무 벌어져 완전히 보이지 않
게 되면 바로 스피드가 떨어져버려. 격차가 작은 쪽이 오히려 사
람들을 움직이기 하는 것일지도 몰라.'라고 과거의 시대를 알고
있는 사람이 말하면 설득력이 생긴다.

자신의 경험을 능숙하게 섞어가며 의논하고 '그렇기는 하지
만, 이렇게 생각할 수도 있다'고 말할 수 있는 것이 고령자의 소
양인 것이다.

* 1970~80년대에 모든 일본인들이 중산층이라고 인식했던 현상

속설과 통설에
싸우는 자세를
갖자

'OO씨의 책에는 이렇게 쓰여 있다. 그래서 네 의견은 틀렸다.'
와 같이 어떤 하나의 설을 근거로, 그 이외의 설은 옳지 않다고
정해버리는 것은 완전한 넌센스다.

나는 10년 정도 전부터 책을 읽는 방법이 바뀌었다. 그 전에는
이런저런 사상에 대해 정답을 찾는 것을 추구하며 책을 읽었다.
예를 들어 프로이트보다 코후트의 정신분석이 옳고, 케인즈 등
의 고전적인 경제학보다 행동경제학 쪽이 옳다는 식의 '정답'을
알고 싶어 공부했던 것이다. 그러나 최근에는 어떤 것이 옳은 것
인가가 아니라 '이런저런 설도 있다'고 대부분의 설을 받아들이
는 편이다.

정신과의를 하다 보면, 큰 사건이 일어났는데 범인이 도대체
어떤 인물인지 퍼스낼리티의 분석을 해달라는 미디어의 요청을
받는 일이 있다. 듣는 쪽에서는 명쾌하게 '이런 사람입니다'라고

상식에 얽매이지 않는 재미있는 노년이 되자

하나의 답을 주길 바라겠지만 거기서 최소 10종류 정도의 가능성을 제시할 수 있는 것이 진정한 프로다.

정신과의가 진료하는 현장에서 '이 사람은 이런 사람이다'라고 하나의 답을 내는 것은 환자를 단정해버리는 것밖에 안 된다. 실제로 카운슬링을 할 때는 환자의 이야기를 들으면서 상대가 어떤 사람인가 상정하는 가능성을 10가지 정도 생각한다.

그리하여 이야기가 진행되는 동안 그 안에서 '이것은 아니다'라고 생각되는 것을 제외해 가면서 가능성을 좁혀간다. 그러므로 최초의 단계에서 이런저런 가능성을 생각해 두는 편이 보다 적절한 진료가 가능해지는 것이다. 한 가지를 놓고 '이것이 옳다'고 단정지어 버리는 것이 아닌, 이런저런 가능성을 생각하는 사람 쪽이 인간의 폭이 넓어 보인다.

책을 읽는 등의 인풋형 공부를 완전히 부정할 생각은 없다. 아무리 나이를 먹어도 새로운 것을 알게 되는 기쁨은 확실히 있다. 다만 그 인풋의 즐거움만으로 끝내기에는 너무 아깝다고 생각한다.

이를테면 경제에 관한 책을 읽는 경우 그저 새로운 지식을 기꺼이 받아들이는 것이 아니라 '이런 식의 이치대로 될까?'라고 반론을 시도해 보기 위해 책을 읽어보는 건 어떨까. 트집을 잡으면서 저자를 논파하겠다는 작정으로 읽는 것이 좋다고 생각한다.

작가 햐쿠타 나오키 씨와 만화가 코바야시 요시노리 씨는 상당히 극단적인 추론을 펼쳐 SNS 등에서 종종 악플이 쇄도하는 소동이 일어난다. 나는 그들의 의견에 반드시 동의하는 것은 아니지만, 그들의 '싸움의 자세'에는 호감을 갖고 있다.

속설이나 통설과 싸우는 자세를 갖는 것은 대단히 중요한 일이다. 의문을 갖게 되는 것에 인터넷도 뒤져보고 이런저런 것을 조사해 보면 싸우기 위한 재료는 손에 들어온다.

그런 식으로 이론무장을 위해 인풋형 공부를 하는 것도 좋은 측면은 있다.

우파도 좌파도
유연함이 중요하다

고령이 되면 완고한 사람은 외고집이 되고 의심 많은 사람은 망상적으로 되는 식으로 성격이 급진적이고 사고가 경직되기 쉽다. 그 결과 원래 좌파적인 생각을 가진 사람이 억척스러운 좌파가 되고, 우파 성향의 사람이 극렬한 우파가 되는 현상이 자주 보인다.

나는 어느 쪽이 좋고 어느 쪽이 나쁘다고 말할 생각은 없다.

집안에 전쟁으로 돌아가신 분이 있는 등 실제의 체험으로 '전쟁은 안 된다'는 생각을 갖는 것은 지극히 당연한 일이고, 그것을 전하는 것은 전혀 나쁜 것이 아니다. 한편으로는 전쟁 전의 일본이 전부 부정당하기 쉬운 것에 굉장히 위화감을 느낀다. 일전에 작가 미우라 슈몬 씨가 일본의 역사 교과서에는 일본의 위인에 대한 기술이 너무 적다고 말한 적이 있는데 이는 사실이라고 생각한다. 과거에 일본은 이렇게 좋은 나라였다든가 이러한 위인이 있었다는 것을 말하고 전해주는 것도 고령자의 역할이 아닐까 생각한다.

실제로 다이쇼 시대*의 일본은 상당히 이상적인 나라였지 않을까 하고 나도 생각할 때가 있다. 다이쇼 천황이 제국의회의 개원식에서 망원경처럼 칙서를 돌돌 말아 주위를 둘러봤다는 소문이 당시 일반서민들 사이에 퍼졌다고 한다. 이 이야기의 진위에는 여러가지 설이 있지만 내가 어렸을 때 메이지 시대에 태어난 할머니로부터 이 이야기를 들은 기억이 있다. 이를 보면 이 이야기가 서민들 사이에 상당히 퍼졌던 것은 확실해 보인다.

만약 당시 일본이 일반적으로 생각하는 것처럼 천황의 독재였다면, 그런 류의 소문은 엄격히 단속되고 아무도 쉽사리 입에 올리지 못해 널리 유포되는 일도 없었을 것이다. 아이들조차 태연히 소문을 낸다는 것은, 적어도 그게 용납될 정도의 자유로운 분위기가 세간에 있었다는 것이다. 일례로 동시대의 영국에서는 국왕에 대한 비슷한 류의 소문이 공공연하게 퍼지는 일은 없었을 것이다. 그런 의미에서는 다이쇼 민주주의는 민주적인 사회를 어느 정도는 실현했다고 말할 수 있지 않을까.

우파 쪽 사람과 좌파 쪽 사람, 어느 쪽도 그 나름의 주장이 있

---

*   20세기 초 1912년에서 1926년의 시기

다. 우편향의 잡지와 좌편향의 잡지를 읽어봐도 각각 말이 좀 심하다고 느끼는 논조가 있는 한편, 납득할 만한 것도 쓰여 있다. 문제는 일단 오른쪽이면 오른쪽 의견, 왼쪽이면 왼쪽 의견밖에 듣지 않는다는 것이다.

기껏 오래 살았는데도 지혜가 제대로 작동하지 않는 느낌이다. 이것이 절대적인 정의, 아니면 절대적인 악이라고 말할 수 있는 것은 세상에 좀처럼 없다.

'탈원전은 해야 하지만, 전력이 부족하면 곤란하기 때문에 사고가 일어나지 않는 한에서는 원전을 용인한다'고 말하는 사람과 '우파를 자인하지만, 일본인이 가난과 굶주림에 시달리는 것은 용서할 수 없기 때문에 복지만큼은 확실히 하지 않으면 안 된다'고 말하는 사람도 있는 것이 좋다고 생각한다.

지금의 일본에서는 상당히 좌파적 입장이라도 천황을 쫓아내야 한다, 공산주의 혁명을 일으켜야 한다는 사람은 과격파를 제외하면 거의 없다. 일본공산당조차 '헌법을 지키라'고 말하고 있기에 상징천황제를 부정하지 않는 셈이다. 한편 임신중절 수술을 행하는 클리닉이 보수파 단체로부터 습격 당하는 사건이 드물지 않은 미국 등과 비교해 보면, 극단적인 생각을 가진 우파 쪽 사람도 훨씬 적다고 할 수 있다.

즉 좌와 우의 거리가 그 정도로 크지 않은데도 쌍방이 거의 타협을 시도하지 않는 것이 지금 일본의 상황이다. 거기서 좌나 우의 사람 어느 쪽에 대해서도 '그렇기는 하지만'이라고 말할 수 있는 것이, 단맛 쓴맛 다 본 고령자다. 예를 들어 중국이 싫어 '저런 나라와는 어울리면 안 된다'고 말하는 사람에게 '그렇기는 하지만 자본주의 세상에서 손님은 왕이니까 다소 머리를 숙이는 것이 장사하는 사람의 기본이라고 생각한다'고 말하는 것이다.

아니면 원전은 용납할 수 없으니 환경을 위해 태양광 등 재생가능 에너지를 점점 늘려야 한다고 주장하는 이에게, '그렇기는 하지만 태양광 패널의 폐기 시에 상당한 환경파괴가 일어나고, 수력발전의 수위를 너무 올리면 수해가 일어나기 쉽게 되는 위험도 있다'고 말하는 식이다.

내가 고령자들에게 기대하는 것은, 그런 식으로 좌와 우의 사이에서 '적당한 접점을 찾는 것'이나 '어느 방향으로 의논이 너무 지나치지 않기 위한 감시역'같은 역할이 되는 것이다. 고령자가 찾는 '타협점'은 듣는 사람을 납득시킬 수 있는 힘이 있기 때문이다. 똑같은 이야기도 고령자에게 들으면 '인생경험이 있는 사람이 말하는 것이니 그렇겠지'라며 쉽게 납득하는 일이 꽤 있다.

인생경험이 풍부하고 사고의 폭이 넓은 사람이 멋진 고령자라고 생각한다. 나이가 들어도 자신의 주의 주장이 확고한 것은 그것 자체로 괜찮다고 생각하지만, 확고한 것에 너무 집착하면 다른 의견을 받아들일 수 없어 자신의 사고의 자유를 뺏게 되는 것이다. 자신의 신념이 있어 결과적으로 확고한 것은 좋지만, 확고한 것이 먼저고 거기에 신념이 따라오는 것은 이상하지 않은가.

내가 학생이었을 세대부터 학생운동은 이미 쇠퇴하고 있었다. 그러나 그 후에도 신좌익활동가가 발호하고, 그런 젊은이들에게 고령자들은 '자네들은 청춘이군'이라고 말했었다. 오랜 세월 현실을 보아 온 사람들이 '그렇게 이상대로 되는 것은 아니야'라고 애송이들에게 달관한 시선을 보냈던 것이다. 그것이 지금은 오히려 거꾸로 된 것처럼 보인다. 좌파와 우파 고령자들에게 젊은 세대들이 '늙은이들은 완고하다'라며 차가운 시선을 보내고 있는 것이다. 그것 역시 참 볼품없다는 생각이 든다.

나이가 들어 감에 따라 좌와 우로 갈라지기 쉬운데 품위가 있는 것은 좌파이건 우파이건 그 나름의 유연함을 갖춘 '유연한 고령자'가 아닐까.

제 4장

돈과 지위에
집착을 버리자

나이가 들수록 돈은
생각만큼 믿을 수 없다

젊었을 때는 돈의 힘을 실감하는 장면을 매우 자주 본다. 단순히 원하는 것을 손에 넣는 것뿐 아니라, '돈이 있다'는 것 자체가 매력적으로 사람을 끌어당긴다.

그러나 나이가 들면 돈이 있다고 해서 반드시 사람들이 다가오는 것은 아니다. 나이가 들어도 사람들이 다가오는 것은, 말하는 것이 재미있다든가 인간으로서 어딘가 배울 점이 있는 등 주위로부터 멋지다고 생각되는 사람이다.

아무리 돈이 많아도 인색하다고 여겨지면 사람들은 찾아오지 않는다. 투자를 부탁하려는 사람도 상대가 구두쇠라 돈을 내지 않는다는 것을 알게 되면 근처에 다가가지 않지만, 나이가 들어도 선뜻 투자해주는 사람 주변에는 사람들이 모여든다. 물론 애초에 돈 냄새를 맡고 찾아오는 사람은 질이 좋다고 말할 수는 없다. 일반적으로 판단력이 낮아 보이는 고령자들 주변에, 돈이 많다는 것만으로 가까이 다가오는 사람이 있다면 그것은 거의 예외 없이 사기꾼이다. 그런 피해를 당해 빤히 손해를 보는 경우가 적지 않다.

그렇지만 그런 사기 목적이 아닌, 예를 들어 가치가 높은 미술품을 사들여 비교해 보거나 세계에서 드문 식재료와 희귀한 와인을 모으고 1회에 몇백만 엔이 드는 식사를 즐기는 등에 돈을 쓰다 보면 '이 사람의 깊은 식견을 듣고 싶다'라는 순수한 호기심으로 사람들이 찾아올지도 모르겠다.

그러나 대부분의 경우, 나이가 들어 돈이 있으면 있을수록 좋다 말하기 어렵고 오히려 돈이 있는 만큼 허무해질 확률이 높다고 짐작한다. 왜냐하면 돈이 있다고 주위의 사람들이 말을 잘 들어주는 것도 아니기 때문이다. 자기 돈인데도 자식들의 참견으로 자유롭게 사용하지 못하는 일이 있다. 상당한 자산가인 고령자가 자기 돈을 써서 고급 요양시설에 들어가려는데, 유산이 줄어들 것을 우려한 자식들의 반대로 단념했다는 이야기도 들었다.

나이가 들면 생각한 만큼 돈이 믿을 만한 것이 못 된다는 것을 깨닫는다고 생각한다. 70대 정도까지는 아직 돈의 힘이 그럭저럭 유효할지도 모르겠다. 그래도 80대 후반을 지나 인지증을 이유로 성년후견인이 붙기만 하면, 자신의 재산을 처리할 권리마저 완전히 사라지게 된다.

주위에 안심감을 주는
존재가 되자

고령자 전문의 요쿠후카이 병원에 근무할 당시, 내가 담당했던 환자 중에 과거에 장관의 지위에 있던 사람이 있었다. 그 사람 곁에는 누구나 알 만한 당시의 거물 정치인들이 몇 명인가 병문안을 왔다. 아마 그 사람에게 신세를 졌던 것이리라.

그중 A씨는 한 번 병문안을 왔다가 그가 인지증인 것을 알고는 그 이후로 오지 않았다. 한편 B씨는 그 후에도 빈번히 몰래 방문했다. 이제는 어떤 지위도 권력도 없고, 자신에 대해서 조차 기억하지 못할지도 모르는 상대를 몇 번이고 찾아온 것이다. 만약 이해관계만으로 이어진 것이라면 그렇게까지 하지는 않았을 것이다. 실제 그런 관계였을 것으로 생각되는 A씨는 두 번 다시 방문하지 않았다. 이때 B씨는 의로운 인격자임을 알 수 있는 동시에, 전 장관이 B씨로부터 정말로 존경받았다는 것도 잘 알 수 있다. 이해관계에 의한 힘이 아닌, 그 사람의 인간미와 아우라가 얼만큼 있는지가 그 사람을 말해주는 것이라고 생각한다.

　주변 사람에게 계속 사랑받는 사람, 존경받는 사람은 예전에는 주위에도 많이 있었다. 예를 들어 학교의 선생님은 과거에는 지금보다 훨씬 존경받는 존재였다. 경제적인 사정으로 구제중학교*에 진학하지 못한 동네 1등의 수재가 학비가 들지 않는 사범학교를 나와 선생님이 되는 패턴이 많았고, 선생님이라고 하면 지역사회에서 특별히 똑똑하다고 여겨지는 사람들로서 학생들로부터 일생 흠모의 대상이 되는 일이 드물지 않았다.

　또한 내가 어렸을 때는 의사도 지금보다 훨씬 아우라가 있는 존재였던 느낌이다. 혈액검사도 안 하고 청진기를 대고 얼굴색을 보는 것만으로 '괜찮다'고 말한다. 그것만으로도 환자들을 안심시키는 그런 부분이 있었다고 생각한다. 이런 '안심감을 주는' 것은 중요한 포인트이다. 일례로 정신과의 진료에서 의사에게 '반드시 낫습니다, 괜찮아요'라는 말을 듣는 것으로 환자의 기분이 긍정적으로 되고 치료의 효과를 올리기 쉽다고 한다. 나도 오래 다닌 환자로부터 '선생님 얼굴만 봐도 안심이 됩니다'라고 들으면 진심으로 기쁘다.

　적어도 자신 주위의 사람들에게 안심감을 주는 사람, 사랑받

＊　현재의 중학교와 고등학교를 합친 과정에 해당

는 사람이 되는 것을 목표로 하는 것은 고령기가 되고 나서도 늦지 않다.

슈퍼 볼런티어로 주목받은 한 남성은 원래 볼런티어 활동가였던 게 아니고, 54세에 활동을 시작해 65세에 일을 그만두고 본격적으로 볼런티어 활동에 몰두했다. 그로부터 10년 이상 활동을 계속하면서, 그 열의와 진심이 주변에 전해지며 존경받는 존재가 된 것이라고 본다. 예를 들어 서예나 하이쿠* 등 취미활동도 좋고 지금이라도 무엇인가 시작한다면 더욱 인간적인 풍부함과 깊이가 생기고 사람을 끌어당기게 될 것이라고 생각한다.

* 일본 전통의 정형시, 한국의 시조와 유사

고령이기 때문에
즐길 수 있는 자유로운
직업 선택

내가 정신분석 공부를 처음 시작할 때 어떤 선생으로부터 이런 말을 들었다.

'이 일은 좋다. 학회에 가도 70세를 넘은 이들이 즐비하고, 나이를 먹을수록 이론이 깊어지고 평가가 올라갈 때가 많아서 평생 즐길 만하다.'

실제로 정신분석의 창시자인 프로이트는 당시로서는 장수인 83세까지 살았는데, 만년까지 환자의 분석치료와 집필활동을 했다고 한다. 그의 딸이자 같은 정신분석가 안나 프로이트는 86세, 그녀의 영향을 받은 미국의 심리학자로 '아이덴티티'라는 개념의 제창자로 알려진 에릭. H. 에릭슨은 91세까지 살아 모두 오래 활동했다. 내가 공부한 미국의 칼 메닝거 정신의학교의 창설자, 정신과의 칼 메닝거는 97세에 사망하기 수개월 전까지 환자들을 진료했다.

내 스스로도 실감하는데 정신과의는 오래 할수록 환자들로부터의 신뢰도와 치료하는 능력도 올라가게 된다. 정신과의에 국한된 것이 아니라 의사는 본래 나이가 들면 들수록 실력이 느는 것이 당연한 직업이다. 정신과의의 일은 90세가 돼도 할 수 있다. 하지만 90세가 되어도 대학의 의학부 교수로 있는 것은, 일본의 경우에 불가능하다.

조직의 직책으로서의 일은 일정 시기가 오면 그만두게 된다. 즉 직함으로 생각하면 많은 사람들의 일하는 인생은 50~60대를 피크로 끝을 맞이한다. 그러나 능력으로 보면 자신이 계속할 수 있는 한 일하는 인생은 끝나지 않고, 정점도 좀 더 뒤로 미룰 수 있을지 모른다.

회사원의 경우 60세(2025년 이후는 65세)에 정년을 맞이하면 어제까지 부장이었던 사람이 단숨에 아무 직함도 없는 인간이 된다. 연공서열로 올라가는 것은 60세까지의 이야기고 그때부터 앞으로의 인생은 실력주의다. 거기서는 남아있는 능력을 어떻게 활용하고, 어떻게 남에게 도움이 될지를 생각하는 것이 중요해지는 것이다.

나는 대학원에서 15년째 임상심리학 교원으로 있다. 이 대학원은 대학에서 심리학과를 졸업하지 않아도 응시가 가능하기 때문에 임상심리학 전공에는 매년 2, 3명 정도 정년퇴직한 사람이 들어온다. 도쿄대와 히토츠바시 대학 등을 나와 일류기업에서 근무한 사람도 많고, 회사에서 부하의 상담을 자주 했다든가 인사부에서 사원들의 고민을 접한 경험으로 정년 후에 임상심리사로서 일하고 싶다는 생각을 하는 사람들이 종종 있다.

임상심리사가 되기 위해서는 대학원을 졸업하고 합격률 60% 정도의 시험에 합격하여 자격을 취득해야 한다. 자격 취득 요건은 그럭저럭 높은 편이지만 국가자격도 아니고, 임상심리사의 연수입은 일반적으로 300만~400만 엔 정도로 그다지 고수입이라 할 수 없다.

하지만 연금도 저축도 있는 정년퇴직 후라면, 연수입 300만 엔이라도 특별히 불편할 것은 없을 것이다. 20대의 고만고만한 젊은 임상심리사보다 나이가 든 사람에게 상담 받고 싶어하는 사람도 적지 않을 것이고, 임상심리사의 일 자체도 이 연령대가 오히려 적합하다 말할 수 있을지도 모른다.

돈을 그다지 중시하지 않고 일을 선택할 수 있는 것은 은퇴세대의 특권이기도 하다. 지금은 간병의 일이 일손이 부족하다고 알려져 있기에 어느 정도 체력이 있다면 정년 후나 육아, 혹은 자신의 부모의 간병이 끝난 후에 간병의 일을 하는 것도 의미 있는 선택지라고 생각한다. 간병의 일은 연수입 300만 엔대가 중심이다. 업무내용에 비해 연수입 수준이 낮은 것이 인력부족의 원인

이겠지만, 정년 후에 시작한다고 하면 연수입은 크게 얽매이지 않아도 된다. 그리고 그것에 얽매이지 않는다면 다른 사람에게 깊은 감사를 받는 간병 일의 보람을 보다 강하게 실감할 수 있을 것이라고 생각한다.

고령이 되어서도 일을 계속한다는 것은 건강과 장수의 측면에서도 플러스가 되는 것은 확실하다. 예를 들어 나가노 현의 경우처럼, 고령자의 취업율이 높은 현은 평균수명도 길고 고령자 1인당 의료비도 낮은 경향을 보인다. 다만 '고령자는 일을 계속하는 것이 좋다'는 것은 어떤 형태라도 몸을 움직이고 머리를 쓰는 일을 계속하는 것이 좋다는 의미이지 반드시 돈을 버는 일을 하는 것만을 의미하지는 않는다. 자원봉사 활동이나 취미활동도 관계없다.

젊었을 때는 일을 하는 목적을 돈이나 출세에 두는 일이 많다. 그런 경우 상사의 말대로 하지 않으면 안 되거나 하지 않아도 될 타협을 강요 받는 등 스트레스가 가득한 노동이 되기 쉽다. 스스로 자유롭게 머리를 쓰는 것이 힘든 것이다. 나이가 들면 노동에 대한 의식을 다소간이라도 바꿀 필요가 있다. 자신에게 있어 보람이 있는 일, 세상을 위하는 것, 다른 사람에게 도움이 되기 위해 일하는 것이 고령자다.

수퍼마켓 등에 가면 은퇴해서 파트타임으로 일하는 것으로 보이는 고령의 남성 직원을 보게 된다. 뭔가 곤란한 일이 생기면 젊은 직원보다도 매우 친절하고 시원시원 처리해주기 때문에 정말 기분이 좋아진다.

돈이나 직함을 위한 일에서 해방되는 고령기이기에, 자유롭게 움직이는 즐거움과 그래서 누군가에게 즐거움을 가져다 주는 것이 가능한 행복을 마음껏 맛볼 수 있다고 생각한다.

언제까지나
현역의 소비자가
되자

계속 현역으로 있고 싶다고 희망하는 고령자는 많을 것이다. '노화와 싸울 수 있는 동안은 싸워라'라는 시점으로도 가능한 한 현역으로 있는 편이 좋다고 생각한다.

다만 착각하기 쉬운데 '현역'이 '일을 계속하는 것'을 의미하는 것은 아니다. 고령자가 일을 계속하는 것은 중요하지만 동시에 '현역의 소비자'로 계속 남아있는 것도 중요하다고 생각한다.

왜냐하면 고령자가 현역의 소비자가 되는 것으로, 세상을 바꿀 수 있는 가능성이 있기 때문이다. 예를 들어 고령자가 자동차를 운전하다 사고를 일으키면 최근의 풍조로는 면허를 반납하는 일만 논의된다. 하지만 그것만이 아닌 고령운전자를 향한 자동차의 안전장치의 개발과 판매, 혹은 자율주행의 보급을 추진할 수 있는 기회라고 생각해야 한다. 역시 고령자가 많은 스웨덴에 본거를 둔 자동차 회사 볼보 등에서는 자동차의 안전성과 자율주행의 기능을 점점 발전시키는 것에 비해, 일본에서는 별로 진척되고 있지 않은 것이 현실이다. 내가 자동차회사 사장이라면 고령운전자가 되도록 면허를 포기하지 않도록 '우리는 X년 안에 절대로 사고를 일으키지 않는 차를 만들겠습니다'라고 선언해 보겠다.

지금은 IT의 시대에서 AI의 시대로의 전환기다. IT의 시대는 인간이 IT를 사용해 무엇을 만들 것인가를 생각하지 않으면 안 되고, 그 사용법을 몸에 익혀야 한다. AI의 시대는 AI가 인간의 니즈를 살펴 무엇을 만들 것인가를 생각해 주기 때문에, 소비자의 요구수준이 높은 나라일수록 좋은 것을 만들 수 있게 된다. 인구의 많은 고령자가 현역 운전자로, 현역의 자동차의 소비자로서 계속 있을 때, 보다 퀄리티 높은 자동차가 나올 가능성이 높아진다. 또한 해외에서도 고령화가 진행되고 있으므로 그런 상품은 국제경쟁력이 높다고 할 수 있다.

고령자가 현역의 노동자로 있는 이상, 현역의 소비자로 계속 있는 것은 지극히 중요한 의미가 있다. 예를 들어 지금 패션잡지는 50대 이하를 향한 것이 대부분이지만 고령자가 패션의 소비자로 계속 있으면 70대나 80대를 타겟으로 하는 패션잡지가 창간되고 잡지업계 자체도 활기를 띠게 될지도 모른다.

일본에는 돈이 있는데도 쓰지 못하는 고령자가 아주 많다. 장래에 어디에 기부를 하는 등 뭔가 쓸 목적을 가지고 돈을 모으는 것은 좋다고 생각한다. 다만 예금통장의 숫자가 늘어서 기쁘다든가, 자녀에게 1엔이라도 많이 재산을 남겨주고 싶다든가 그런 이유로 간절하게 저축을 해봐야 결과적으로는 그냥 '짠돌이 노인'으로 저세상에 가게 되는 것이다. 자산가를 부정하려는 것은 아니지만 일본의 불경기를 감안하면 돈을 저축하기만 하고 쓰지 않는 사람은 내가 볼 때 해로운 독 이외에 아무것도 아니라고 생각한다. 돈은 쓰기 위해 버는 것이지, 모으기 위해 버는 것은 아니다.

과거처럼 모두가 모은 돈을 은행이 기업에 빌려주고 그것으로 경제가 돌아가던 시대는 고사하고, 지금은 은행이 돈을 빌려줄 상대를 좀처럼 찾기 어렵고 빌려준다 해도 이자를 제대로 받지 못해 곤란한 상황이다. 은행의 ATM에 영업시간 외에 돈을 맡기려 하면 당연하게 수수료를 받는다. 은행이 더 이상 예금 등을 바라지 않는 시대인 것이다.

오해하기 쉬운데 자본주의 사회에서는 돈을 가진 사람보다 돈을 쓰는 사람이 더 훌륭한 것이다. 지금 중국의 국제적인 영향력이 강한 것도 가장 큰 이유는 중국이 세계에서 가장 돈을 많이 쓰는 나라이기 때문이다. 위구르든 홍콩이든 중국의 인권침해에 그만큼 강한 경제제재를 하지 못하는 것도, 북경올림픽을 실제로 보이콧하지 못하고 외교 보이콧이라는 어정쩡한 형태를 취한 것도 구미(특히 유럽)의 국가가 중국에 물건을 팔지 못하면 자국의 제조업에 큰 영향을 주기 때문이 아닐까. 내수를 위축시키만 하는 코로나의 대책과 맞물려 일본의 불경기는 앞으로 더욱 심화되지 않을까 걱정된다.

지금 일본의 개인 금융자산은 2000조 엔이 넘고 그중 무려 70%가 60세 이상의 사람들이 가지고 있다고 한다. 고령자가 국가에 가장 도움이 되는 것이 무엇인가 묻는다면, 그것은 돈을 쓰는 일밖에 없다고 생각한다.

'인간,
죽음부터일세'

1971년 출판되어 초 베스트셀러가 된 일본인론 '아마에노 코조
(어리광의 구조)'(홍문당)의 저자인 정신과의 도이 타케오 선생은
나의 스승에 해당하는 사람이다. 30대에 처음으로 미국에 유학
을 갔을 때 나는 현지에서 주 5회 정신분석을 받았다. 당시 일본
에서 주류였던 정신분석과 다르게, 환자의 무의식을 살피는 것
보다 환자의 마음을 지탱하는 것의 정신분석에 영향을 받아 '공
감의 심리학'이라는 코후트 심리학을 공부하게 됐다. 동시에 도
이 선생의 '아마에'이론이 미국에서 내가 받은 정신분석과 친화
성이 높다고 느껴, 일본으로 귀국 후 도이 선생에게 편지로 부탁
드려 한동안 도이 선생의 정신분석을 받았다.

　도이 선생은 그다지 야망을 추구하는 스타일도 아니었기에
일본의 정신분석 학계에서 당시에는 다소 푸대접을 받고 있는
상태였다. 하지만 본인은 전혀 개의치 않고 자신이 좋아하는 것

을 쓰고 환자들과 마주하는 것을 계속했다. 그리고 오히려 해외에서 높은 평가를 받고 있었다. 정신분석가는 환자에게 자신의 속내를 토로하면 안 되고 어떠한 감정도 가져서는 안 된다는 정신분석의 '금욕원칙'이라 불리는 것이 있는데, 도이 선생은 미국의 정신분석가와 마찬가지로 솔직한 속내를 나에게 말하는 일이 자주 있었다.

정신분석을 받는 측인 나도 당연히 내 속마음을 도이 선생에게 이야기했다. 빨리 유명해지고 싶다, 훌륭해지고 싶다, 하지만 좀처럼 잘 되지 않는다. 그런 적나라한 생각도 자주 이야기했다. 그럴 때 도이 선생이 입버릇처럼 말한 것이 있다. '인간, 죽음부터일세'

2009년에 89세를 일기로 타계한 도이 선생은 그 당시 70대 후반으로, 이미 자신이 죽을 시기를 깨닫고 있었는지도 모르겠다. 도이 선생은 정신분석학회의 회장이 되고 싶다는 것도 생각한 바 없고 지위를 얻는 일이나 권력투쟁에 무관심했다. 그것은 살아있는 동안 지위나 명예를 얻는 것보다도 죽은 후에 자신과 자신의 이론이 어떤 평가를 받게 될지가 더욱 중요한 것이라고 여겼기 때문이라고 생각한다.

30대였던 당시의 나는 그 말을 들어도 전혀 다가오지 않았으나 지금에 와서 보면 역시 그 말대로라고 느낀다. 세속의 지위와 같은 것보다도 내가 죽은 후에도 읽혀지는 책을 쓸 수 있을까, 찍은 영화 중에 내가 죽고 나서도 사람들이 보게 되는 것이 하나라도 있을까 하는 것이 훨씬 마음에 걸리게 됐다.

2016년에 공개된 '나리, 이자이옵니다!(영제:The Magnificent Nine)'(나카무라 요시히로 감독)라는 영화가 있다. 에도시대 중기에 번의 무거운 공물에 시달리던 서민들이 번에 돈을 빌려주고 이자를 얻는 역발상으로 마을을 구하는 이야기이다. 가난한 서민들이 번에 빌려주는 거액을 모으는 것은 당연히 쉽지 않았다. 돈이 있는 사람이고 없는 사람이고 사심없이 돈을 모아 마을을 존망의 위기에서 구해낸다. 이 이야기는 실화에 기반하고 있다. 기록에 남아있는 이 일화를 '꼭 널리 알리고 싶다'고 바라는 현지인의 편지를 계기로 역사학자인 이소다 미치후미 씨가 평전을 쓰고 영화화되어, 250년 전의 이름 없는 사람들의 위업이 스포트라이트를 받게 된 것이다.

세상을 위해, 남에게 도움이 되는 '좋은 일'을 한다는 것도 사실은 자기만족이거나 명성을 남기고 싶다는 욕구일 수도 있고, 결국은 '나를 위한'것일지도 모르겠다. 그래도 눈앞의 세속적인 성공을 위해 뭔가를 하는 것보다 죽은 후에도 남을 수 있는 것을 하는 쪽이 의미가 있다는 생각이 든다. 좋은 일과 다른 이에게 도움이 되는 일을 하는 것은 아마도 누군가가 보게 될 것이다. 그것은 하늘의 신이 보고 있을 수도 있고, 위의 영화의 에피소드처럼 적어도 후세의 사람들이 보게 될 것이라고 생각한다. 예를 들어 죽기 전에 고향에 돈을 기부하여 그 돈으로 다리가 만들어진다고 해보자. 그 다리를 이용하는 후세의 사람들은 '이 다리는 00씨가 기부한 돈으로 만들어진 거야'라고 구전될 것이다.

문자 그대로의 의미로 뭔가를 남기는 것. 매력적이지 않을까.

나는 마지막 순간에
애도를 받을 수 있는
인간인가 생각하자

나이가 들고나서 '지금 살아있는 동안에 유명해 지고 싶다' 등의 생각보다 죽은 후에 '멋진 사람이었어'라고 평가받거나 '사실은 훌륭한 사람이었어'라고 재인식되는 것을 의식하는 것이 의미 있는 일이라고 생각한다. '죽은 후에 어떻게 기억될까'라는 것을 의식하면 인간은 좋은 일을 해보자는 생각을 하게 된다. 적어도 나쁜 일이나 부끄러운 일을 하게 되지는 않을 것이다.

　죽은 후에 부끄러움을 남기지 말자, 죽은 후에 멋진 사람이었다는 말을 듣도록 행동하자는 의식을 과거의 일본인들은 가지고 있었다고 생각한다. 특별히 종교적 배경이 없는데도 전국 곳곳에 당시 대부호나 대지주가 기부해 만들어진 다리나 보 같은 것들이 있다. 그리고 많은 경우 그것들이 만들어진 유래가 전해지고 있다. 사후의 세계를 중요하게 생각하는 것은 현재의 삶을 충실하게 하는 하나의 방법이기도 하다.

기무라 모토야스 씨라는 철공소의 사장이 있었다. 아직 영화를 한 편도 찍지 못하고 꿈만 가득하던 오구리 코헤이라는 청년의 꿈을 듣고, 4500만 엔을 준비해 영화를 찍게 했다. 오구리 코헤이의 첫 감독 작품 '진흙강'은 그해 '키네마 준보' 베스트텐 1위에 빛나는 등 지금도 명작으로 전해지는 영화다. '잘도 그런 큰돈을 투자했네'라는 주위의 반응에 기무라 씨는, '돈은 남을지 어떨지 모르겠지만, 영화는 남으니까'라고 대답했다고 한다. 유감스럽게도 기무라 씨는 67세로 사망했지만 일부 영화 팬들 사이에서는 '철공소 아저씨'로서 기억되고 있다.

나도 일본에 있는 자산가를 소개받아 영화에 투자를 부탁해보지만 99퍼센트는 거절당한다. 그렇게 큰 금액은 아니지만 돈을 투자해준 사람의 이름은 계속 기억하고 있다. 이름을 남기는 영화는 아직 남기지 못했지만 내 안에서 그 사람에 대한 은혜는 평생 남을 것이다. 그러면서도 한편으로는 기무라 씨 같은 자산가와의 만남이 없을까 하고 계속 꿈꾸고 있다.

죽은 후에 내가 어떻게 될 것인가, 어디로 갈 것인가를 의미하는 사후와, 죽은 후에 내 주위로부터 어떻게 기억될 것인가를 의미하는 사후. 이 중 어떤 것을 의식할 것인가는 사람마다 다를 것이다. 다만 한 가지 쓸모없는 것은 죽는 것을 너무도 불안해 하는 일이다. 인생의 마지막 순간을 맞이함에 있어 중요한 것은 되도록 후회를 남기지 않게 하는 것이다. '그때 돈을 아끼지 말고 거기에 갔으면 좋았을 텐데' 등의 후회는 안 한 것만 못하다.

　인생의 최종단계에 있는 사람들로부터 자주 듣는 것이 '죽기 전까지 즐거운 추억을 좀 더 남기고 싶었다'라는 소리다. 이미 말한 대로 최후의 순간에 돈이 많이 남아있어도 별로 의미가 없고, 멋진 추억을 많이 만든 사람은 행복하게 떠나는 것 같다.

　또 한 가지는 사람들에게 좋은 일을 하고 친절하게 대해온 사람일수록 마지막의 순간까지 모두에게 사랑받고 이별을 슬퍼하게 되는 것이다. 나는 도덕적인 고령자가 되라는 말을 할 생각은 없다. 하지만 고령자의 현실을 많이 지켜보며 실감하는 것은 좋은 일을 하면 그것이 자신에게 돌아오게 되는 것은 사실이라는 것이다.

　그저 무작정 죽음을 두려워하는 것이 아니고 죽음을 외면하는 것도 아닌, 진지하게 죽음과 마주하는 것이다. 그 순간이 오면 '나는 주위 사람들로부터 애도 받을 수 있는 인간인가' 라는 것에 대해 지금부터 생각해 두는 것이 좋다고 생각한다.

무덤이나 돈보다
이름을 남기자

지방의 묘지를 가보면 상당히 훌륭한데도 사람이 오간 흔적이 전혀 보이지 않는 묘를 자주 보게 된다. 묘를 잇는 친족 등이 없어져버린 소위 무연묘이리라. 아마도 자신의 일가가 끊길 것이라고 현실적으로 상상했던 사람은 적었을 것이다.

국민의 상징인 천황조차 안정적인 존속이 위태로운 것이 현실이다. 천황 가문이 끊길 가능성은 과거에는 누구도 상정하지 않았겠지만, 현실적으로 지금 미성년 남성 황족은 한 명뿐이고 장래에 그 사람이 남자뿐만 아니라 아이를 가질지 어떨지도 불확실하다. 아이를 적게 낳고 또 그 배경에 비혼화가 진행되어 지금 남성의 4명 중 1명은 평생 미혼인 상황이다. 자신의 일가와 묘를 남기고 싶어도 3대를 넘어가면 일족이 끊기는 사람도, 묘를 지키는 사람도 없어져버리는 일이 현실이 되고 있다.

나는 딸이 둘 있다. 딸들에게 와다의 이름을 잇게 할 생각은 전혀 없는 채로 시집을 갔기 때문에, 딸 대에서 와다 가문은 끊어지게 된다. 나는 그것으로 충분하다고 생각한다. 만약 내가 가문을 남기는 것에 집착했다면 가문에 들어오는 상대와 결혼할 것을 강요하거나, 이제까지 높은 교육을 받게 해준 것에 생색을 내며 여러가지 까다로운 문제가 발생했을지도 모른다. 가문이든 묘지든 장래에 끊길 수 있다고 인식하는 편이 좋지 않을까. 가문을 끊기게 하지 않기 위해서는 가능한 한 아이를 가져야 하고 심지어 장래의 대까지 그것을 철저히 할 필요가 있다. 하지만 자신의 자식은커녕 손자보다 후대까지도 결혼과 아이를 갖는 일을 강제한다는 것은 도저히 불가능하다.

생전에 훌륭한 묘를 준비하는 사람들도 있지만 그 전제조건은 자손이 있느냐 없느냐가 아닌, 사후에 이름이 남을 업적이 있는가에 달렸다고 생각한다. 이름이 남는다면 자식이 없어도 그 사람의 묘를 방문하는 사람들은 끊이지 않을 것이다. 교토에 있는 사카모토 료마의 묘나 도쿄의 센가쿠지에 있는 오오이시 쿠라노스케의 묘에는 지금도 많은 사람들이 방문하고 있다. 요시다 쇼인의 묘는 도쿄에 쇼인 신사라는 신사까지 지어졌다.

요시다 쇼인 본인은 29세라는 젊은 나이에 처형됐지만 뛰어난 제자들을 길러내서 묘가 훌륭하게 지켜져 왔다. 자식이나 손자에게 기대하는 것보다 확실한 제자들을 키우는 사람 쪽이 묘가 안정적으로 지켜진다. 다만 훌륭한 업적을 올려 존경받는다면 묘는 끊어지지 않는다고 하더라도, 역시 묘가 유적이 되는 수준으로 이름을 남기는 것은 어려울 것이다.

도쿄 도내에 멋진 묘를 세우려면 1000만 엔 단위의 돈이 들 것이다. 그 집안이 앞으로도 계속 남을 확신이 있다든가 본인의 지명도와 업적이면 확실히 누군가가 방문할 것이라는 자신이 있다면 모를까, 그 돈을 기부라도 하는 쪽이 훨씬 이름이 남을 것이다.

아키타에 있는 국제교양대학에는 24시간 365일 열려있는 '나카지마 기념도서관'이 설치되어 있다. 이것은 초대 학장 나카지마 미네오 씨의 '언제라도 공부할 수 있는 장소를 제공하고 싶다'라는 생각을 실현한 것으로, 그 공적을 기려 이름 지은 것이다. 그런 일까지 하지는 못하더라도 자신의 유산을 태어난 고향의 도서관에 기부하여 장서를 충실히 해주는 데 도움을 준다면 고향에서 자신의 이름을 남기는 정도는 가능할 것이다. 그 금액이 상당히 크다면 시설 등의 네이밍라이츠(명명권)를 사서 말 그대로 자신의 이름을 붙인 시설을 남기는 일도 가능하다. 일본에는 기부를 통해 자신의 이름을 딴 대학을 만드는 발상을 가진 사람은 거의 없지만, 미국의 명문 대학인 존스 홉킨스 대학과 스탠포드 대학은 각각 동명의 실업가의 재산으로 설립됐다. 예를 들어 일본에서도 소프트뱅크의 회장 겸 사장 손정의 씨와 라쿠텐

그룹의 회장 겸 사장인 미키타니 히로시 씨 정도의 자산이 있다면 자신의 이름을 딴 초일류 대학을 만드는 것은 어렵지 않을 것이다.

세계에서 우수한 학자를 연봉 5000만 엔(참고로 하버드 대학 교수의 연봉은 추정 5000만~6000만 엔으로 알려졌다)으로 스카우트해서 그 금액을 지불할 만한 가치가 있는 동안만 교수로 있을 수 있다는 조건을 붙이면 일류 교수진을 즉시 갖출 수 있다. 한편 학생들에 대해서는, 도쿄대학에 합격했지만 취소하고 입학하는 학생에게 연간 1000만 엔을 상환의무 없이 장학금으로 지급하는 것이다. 도쿄대를 졸업할 때 연봉 1000만 엔을 제시 받아도 그다지 특별한 느낌은 없겠지만 고교 졸업 시점의 학생들이라면 매년 1000만 엔씩 받는다는 것은 큰 매력이다. 도쿄대학을 박차고 나와서라도 그 대학에 들어가려는 사람은 아주 많을 것이다. 그래서 현행의 편차치 시스템에서 학생 전원이 도쿄대를 거절하고 들어온다면 그 대학의 편차치는 도쿄대보다 위에 있게 된다. 학생 1000명에게 1000만 엔씩 지급해도 100억 엔이므로 1000억 엔 정도의 기금이 있다면 일본에서 최고로 높은 수준의 대학을 만드는 것은 충분히 가능하다.

그렇게까지는 못하더라도 예를 들어 학대 받은 아이들을 위한 시설을 만드는 등 자산에 따라 가능한 일은 여러가지가 있다.

자신의 돈을 남기기 위해 필사적인 사람은 많이 있으나 자신의 이름을 남기기 위한 일을 생각하는 사람은 좀처럼 많지 않아 보인다.

반복하지만 어중간하게 돈을 남겨봐야 자식들 간에 싸우는 원인이 될 뿐이다. 그렇게 가족이 흩어지고 결과적으로 자신이 무연고 상태가 된다면 정말 허무할 것이다. 아니면 본인의 이름을 남기는 것보다 추억을 남기고 싶다는 발상으로 죽기 전까지 재산을 다 써버리는 것도 좋다고 생각한다.

돈 버는 법 같은 책들은 많이 나오고 있지만, 자산가인 지인에 의하면 실은 돈은 버는 것보다 쓰는 것이 훨씬 어렵고 머리도 써야 된다고 한다. 고령이 되면 머리를 쓰는 일을 계속하는 편이 좋다는 것은 앞서 말했다. 그렇다면 자신의 돈을 어떻게 써야 할지, 어떤 이름을 남기고 싶을 것인지에 대해 머리를 쓰고 싶다는 것이다.

제5장

'폼으로 나이를 먹은 게 아냐'라고
자랑할 수 있는 노년이 되자

'이 세상에 정답은 없다'고 말할 수 있는 것이 고령자의 강점

나이가 들면 뭔가를 안 것 같은 기분이 든다. 하지만 내가 존경하는 고령자전문 의사는 '오래 진찰하면 할수록, 고령자를 모르겠다'고 말한다. 증상으로 병을 추측하는 것도 완전히 틀리고 좋다고 생각한 치료방법이 전혀 맞지 않는 등의 일이 고령자 의료에서는 왕왕 일어난다. 이것은 심리적인 요인과 본인의 자질에 좌우되는 부분이 크다. 예를 들어 심한 골초로 몸에 나쁜 일을 해왔지만 100세를 넘겨서도 건강한 사람도 있다.

'고령자는 이렇다'라는 한 가지의 답을 내놓는 일은 본래 불가능하다. 나도 이 책에서 꽤 알고 있는 것처럼 말하고 있지만, 어디까지나 지금까지 고령자를 진찰한 인상론으로 그렇다고 생각한다는 것을 말하는 것에 지나지 않는다. 앞으로 10년을 계속해서 고령자를 진찰한다면 생각이 바뀔 가능성도 있다. 지금 내가 내놓는 답이 옳다고는 생각하지 않는다. 하지만 고령자를 이만큼 진찰해온 의사는 별로 없다고 생각하고, 임상에도 줄곧 종사했기 때문에 연구실에서 동물실험만 계속하는 사람들의 말보다는 믿을 만하지 않을까 하는 자부심도 있다. 마음의 문제를 다루는 정신과 의사의 측면에서도 많은 사람들에게 어느 정도 유용한 것을 전달해줄 수 있지 않을까 생각한다.

그렇지만 나와 다른 의견을 말하는 사람에게 '내 쪽이 아주 많은 환자를 진찰했기 때문에 내 말이 옳다'고 우길 생각은 전혀 없다. 하지만 그런 나에게 '당신이 말하는 것은 틀렸어'라고 주장하는 사람은 매우 많다. 예를 들어 내가 '나이가 들면 혈압과 혈당치를 걱정할 필요가 없다'고 말하면 화를 내며 부정하는 사람들이 있다. 내가 보기에 그런 사람들은 사람마다 개인차가 있다는 것을 인식하지 못할 뿐만 아니라 자신이 배운 이론은 영원히 변하지 않는다고 생각하는 어리숙한 사람들이다.

인생경험이 쌓인 훌륭한 고령자는 자신의 의견을 좀처럼 고집하지 않는다. 오래 살아보니 '이렇게 생각했는데 실은 달랐다'는 것을 몇 번이고 경험했기 때문에 세상에 단지 하나의 정답인 것은 거의 없고 이런 저런 경우가 있다는 것을 체감적으로 알고 있기 때문이다. 자신의 의견에 집착하는 사람은 자신의 척도로만 보기 때문에 '실은 달랐다'는 것이 있어도 다르다는 것조차 깨닫지 못한다. 세상에 정답은 없다. 대부분의 일이 그렇다고 생각한다. 예컨대 일중전쟁에서 일본군이 일으켰다고 하는 남경대학살에 대해 사건 자체가 없었다고 하는 설부터 희생자가 30만 명이라는 설까지 있다. 그 어느 것이 정답인지는 지금으로서는 알 수 없다. 어느 하나가 답일까 생각하면 거기서 사고가 정지되어버린다. 나이가 들어도 인간에게 남는 중요한 능력들 중 하나는 생각하는 능력이다.

어떤 지식을 얻어 그것이 답이라고 납득하고 그 이상 생각하지 않는다면 거기서 이미 끝이다. 몇 가지 다른 답의 가능성이 있다고 생각해보면 하나의 설이 부정되어도 다른 설을 생각할 수 있다. 때문에 여러가지 정보를 갖는 쪽이 좋다고 나는 믿는다.

남들보다 오래 산다는 것은 그만큼 다른 사람보다 여러가지 것들을 알 수 있는 기회가 많아지고, 사물을 생각하고 시도할 수 있는 기회가 많아지는 것을 의미한다. 정답으로 보이는 것에 대해서도 '아니, 그렇게 단정짓기 어렵지'라는 관점이 가능한 것이 오래 산 사람의 강점이 아닐까.

변절은 괜찮지만
부화뇌동은 꼴사납다

자신의 신념과 사고방식을 바꾸면 '변절이다'라고 비판을 받지만 시대가 변하면 변절하는 것은 당연한 일이라고 생각한다.

나는 베스트셀러가 된 〈수험의 요령〉(고마북스.2002년에 PHP문고판)이라는 책을 1987년에 펴냈다. '수학 공부는 문제를 스스로 푸는 것보다 해답을 보고 외우는 편이 좋다' 등의 되도록 애쓰지 않고 결과를 내는 수험공부의 방법을 알려주는 책이다. 그 후 내가 당시 교육계에서 지배적이었던 '유토리 교육'에 이의를 제기하자 '변절'이라는 말을 들었다. 그러나 '수험의 요령'을 출판했던 당시 일본 학생들의 학력은 세계 최고 수준이었고 수험생들도 죽어라 공부했다. 그것이 점점 떨어지더니 집에서 1초도 공부하지 않는 학생들이 40%나 된다는 조사도 발표되는 상황임에도 사고방식을 바꾸지 않는 것은 오히려 이상하다고 생각한다.

신자유주의의 선도적 역할을 했던 경제학자 나카타니 이와오 씨는 고이즈미 내각에서 구조개혁의 지원자로도 있었지만 그 후 저서 〈자본주의는 왜 자멸했는가〉(슈에이샤 인터내셔널)에서 신자유주의와 완전한 결별을 표명했다. 규제를 없애고 모든 경제활동을 시장에 맡기는 신자유주의로 일본경제가 좋아질 것이라 믿었는데 현실의 문제에서는 그렇게 되지 않았기 때문이다. 그렇다면 신념을 바꾸는 것은 당연한 일이다. 잘 되지 않는데 그 방식을 고집하여 밀어붙이는 것은 그냥 무모한 것이다.

이 나라의 좋지 않은 점은 일단 시작한 것을 바꾸지 않으려는 것이다. 금융완화와 재정투입으로 경기가 좋아진다는 이론 자체는 틀리지 않더라도 현실적으로 아베노믹스가 잘 풀리지 않는다면 점점 바꿔갔으면 좋았을 것이다. 바꾸는 동안 경기가 좋아졌을지도 모른다.

어쨌든 잘 되지 않으면 작전을 변경하는 것은 당연한 일이다. 자신의 신념에서 확실하다고 생각한 방법이나 사고방식이 뜻대로 되지 않으면 바꿔보는 것은 전혀 나쁜 것이 아니다.

다만 여기서 강조하고 싶은 것은 변절과 부화뇌동은 다르다는 것이다. 변절은 자신의 주장을 가지고 거기서 다른 의견으로 갈아타는 것이라면, 부화뇌동은 다른 사람의 주장에 동조하는 것으로 거기에 자신의 신념은 없다. '말하는 것이 바뀌었다'라는 의미에서는 모두 같지만, A가 유행일 때는 A를 말하고 그 후 B

가 유행이면 B를 말하는 것이 부화뇌동이다.

고령자가 변절하는 것은 전혀 나쁜 일이 아니다.

'예전에는 소득격차가 있는 편이 사회의 전체적인 생산성을 올린다고 생각했는데 격차가 벌어지다 보면 별로 좋지 않다는 느낌이다'

'저 나라는 일본에 친화적인 좋은 나라라고 생각했는데 지금은 지독한 나라라고 생각한다'

위와 같은 식으로 생각이 바뀌는 일이 있어도 괜찮다고 생각한다. 변절이라는 소리를 듣는 것을 두려워 할 필요는 없고, 오히려 생각을 완고하게 바꾸지 않는 고령자는 고집 센 노인 이외에 아무것도 아니다.

'전에는 그렇다고 생각했는데 오래 살아보니 역시 그건 아니라고 깨달았어'라고 말할 수 있는 솔직함은 아주 매력적이라고 생각한다. 그러나 나이가 들어도 부화뇌동하는 사람, 예컨대 민주당이 붐일 때는 민주당을 편들고, 후에 보수 붐이 되면 리버럴하다는 것만으로 전부 부정하는 사람들을 보면 실망을 금할 수 없다. '선배들은 원래 그런 사람들이 아니었잖아요?'라고 묻고 싶어진다.

가령 코로나로 난리인 와중에 '옛날에는 결핵으로도 많은 사람들이 죽었는데, 그때는 가게를 열면 안 된다든가 다른 사람들과 같이 식사하면 안 된다는 일도 없었는데 말야'라고 말할 수 있는 고령자가 멋지다고 생각한다. 무엇보다도 전쟁 전이나 전쟁 후의 시기와 지금 시대의 사정은 크게 다르기 때문에 단순비교는 어렵겠지만 그래도 그 시대를 경험한 사람이 말하는 것일수록 무게가 느껴진다.

주변에서 말하는 것이 옳은 것은 아니다. 코페르니쿠스 이전의 시대 사람들은 누구나 당연하게 천동설을 믿어왔지만 천동설이 옳지 않다는 것은 말할 것도 없다. 진리는 다수결로 정해지는 것이 아니고 본래 실험과 연구에 의해 답을 찾아야 할 필요가 있는 것이다. 스스로 그것을 할 수 없다면 적어도 통계수치를 확인하는 정도는 해야 한다.

고령자들은 인터넷과 스마트폰을 사용하지 못한다고 하지만 정작 시작해보면 의외일 정도로 능숙하게 사용할 수 있다. 고령자들이 일명 효도폰에서 스마트폰으로 바꾸면 잘 사용하지 못하는 것은 쓰는 능력이 없기 때문이 아니라 보통 전화만 사용하게 되면 사실 스마트폰 쪽이 쓰기 불편하기 때문일 것이다. 하지만 그들 중에서도 컴퓨터를 잘 다루는 사람들은 많이 있다. 그 편이 깊은 정보도 얻을 수 있다.

변절할 수 있는 고령자는 훌륭하다고 생각하지만 고령이 되어서도 젊은 사람들이나 미디어에서 떠드는 것에 부화뇌동하는 것은 아무래도 꼴사납다고 느껴진다.

'인생은 가지각색', 다양성을 인정하자

고이즈미 전 수상은 정치가로서의 평가는 별도로, 인상깊은 명언을 몇 가지 했다. 그중 한 가지가 35년 전 후생연금 가입시 근무실태에 대해 국회에서 추궁 당할 때 '인생은 가지각색, 사회도 가지각색, 사원도 가지각색이다'라는 답변이다. 당시에는 변명이라는 비난을 뒤집어 썼으나 이 발언은 실제 그대로다. 바로 '인생은 가지각색'이란 말대로, 모두가 이렇게 해야 한다고 단정짓는 것은 지적으로나 정신건강상으로도 바람직한 것은 아니다.

고령자가 멋지다고 하는 점, 깊이를 느낄 수 있다고 하는 부분은 '인생은 가지각색'이란 것을 알게 된다는 것이다. 나이가 들면 완고해진다고 생각하기 쉽지만 오히려 오래 살아올수록 다양성을 인지하게 된다고 생각한다.

미래에는 어쩌면 젊은 시절부터 줄곧 재택근무로 인해 다양한 사람들과 접할 기회가 점점 없어진 채 70세, 80세가 되는 사람들도 생겨, 고령자라고 해도 인생의 다양성을 모르는 것이 당연하게 될지도 모른다. 하지만 지금의 고령자들은 다르다. 학교에서 우등생이 아니고 불성실하게 보였던 사람이 의외로 요령 좋게 성공해 계속 순조로운 경우, 한때 굉장히 끗발 좋게 보였던 사람이 나락에 떨어지는 경우 등 이제까지 '인생은 가지각색'의 경우를 많이 봐 왔다. 그러므로 높은 학력을 가지면 성공한다는 세간의 정설대로 반드시 그렇게 되는 것은 아니라는 것을 알고 있다.

지금의 정치인들이 도량이 작은 이유 중의 하나는 대부분이 지극히 좁은 사회에서 살아왔기 때문이다. 어렸을 때부터 유복한 집의 자녀들만 다니는 사립대학 부속학교에 다니고, 입시도 경험하지 않고 대학에 들어가 대부분 사회에서 부대끼는 일도 없는 채로 부모의 뒤를 이어 의원이 된 사람들이 많다. 당연히 지역의 공립학교에서 다양한 가정환경의 아이들과 같이 배우고 수험공부를 해서 고등학교나 대학교에 진학해 몇 년이나 사회에서 일한 경험을 해온 사람들과는 다르다. 필연적으로 사고의 폭이 좁아지기 쉽고 이상주의적인 국가관만으로 밀어붙이는 경향이 있다. 그것도 '인생은 가지각색'의 하나라고 생각하지만 인간으로서의 깊이가 아무래도 느껴지지 않는다. 나는 그들과 같은 삶의 방식은 선택할 수 없던 인간이기에, 그만큼 사고의 폭이 넓어지는 것을 강점으로 삼고 싶다는 생각이 있다.

사람은 변할 수 없다, 변하지 않는 것이라는 믿음을 많은 사람들이 가지고 있다. 일본의 학력에 대한 믿음의 바탕에 있는 것은, 18세 시점에서의 승패가 일생을 좌우한다는 인식이다. 예컨대 내가 도쿄대 의학부를 나온 것에 대해 '머리가 좋군요'라는 말을 듣는 일이 있다. 그렇지만 그것은 18살 때 대학 입시에서 다른 입시생보다 공부를 잘했던 것에 지나지 않는다. 그러므로 '머리가 좋았군요'라고 하면 모를까 '머리가 좋군요'라는 말을 듣는 것은 위화감이 있다. 내가 만약 현재형으로 '머리가 좋다'고 한다면 그것은 도쿄대 의학부 졸업 때문이 아니라 그 후에도 줄곧 공부해왔기 때문일 것이다.

인간은 18세의 시기부터 변하지 않는다는 것이 당연한 것으로 인식되는 것은 이상하다. 인생에는 흥망성쇠도 승패도 있고, 인간은 그 안에서 변화하는 생명체다. '인간은 변화한다'고 고령자일수록 목소리를 높였으면 하는 바람이 있다.

'인생은 가지각색이다', '인간은 계속 변한다'라는 것을 고령자들이 경험을 통해 알고 있을 터인데 왠지 그것을 봉인해버린 사람들이 많아 보인다. 예를 들어 학력은 그렇게 믿을 만한 것이 아니라는 것을 알고 있지만 손자에게 '좋은 대학에 가라'고 무심코 말하기 쉽다. 원래는 거기서 '좋은 대학을 가면 더없이 좋겠지만 그 후에도 공부하지 않으면 의미가 없다'는 당연한 사실을 전해야 하는 것이다. 고령자들이 인간적인 '깊이'와 '폭 넓음'을 느끼게 해주면 '겉으로 나이 먹은 게 아니네'라고 생각하게 된다. 많은 사람들이 '현명한 노인'에게 요구하는 것은 그런 것이다.

　누구나 스마트폰을 갖고 인터넷으로 무엇이든 찾아볼 수 있는 시대가 되어 지식에 우위가 없어질수록, 그 사람이 가진 인생철학과 경험이 인간적인 '깊이'와 '폭'으로 연결되는지 여부가 큰 의미와 가치를 갖는다고 생각한다.

직업에 관해
선입관을 버리자

나이가 든 것으로 젊은이들을 이기는 부분은 경험이 많다는 것이다. 이렇게 말하면 '아니, 나는 회사를 다닌 것밖에 경험이 없어서'라고 생각하는 사람들도 있을지 모르겠지만 회사에서 40년 가까이 일하면 다른 사람들이 대부분 알지 못하는 이런저런 것들을 알게 된다. 가령 영업을 줄곧 해온 사람이라면 과거와 지금의 고객이 요구하는 물건의 차이라든지 부자처럼 보이지 않는데 실은 부자인 사람의 특징 등을 경험으로부터 알게 되지 않는가. 줄곧 경리로 일해온 수수한 인상이지만 그런 사람은 의외의 경비 사용법 같은, 나 같은 사람은 전혀 모르는 것들을 여러가지 알고 있을 것이다.

이전에 도쿄 도내버스 운전수의 평균 연수입이 740만 엔으로 퇴직 전에는 1000만 엔에 달하는 경우도 있어 민간에 비교해 너무 높지 않냐는 비판이 제기된 적이 있다. 하지만 정년까지 40년

동안 거의 사고없이 많은 사람들의 생명을 책임져 온 사람이, 연수입 1000만 엔을 받는 것이 무엇이 나쁜 것인지 모르겠다. 이런 직업이라면 이 정도의 수입 수준이라는 기성관념은 슬슬 걷어치워야 한다고 생각한다.

가령 미국에는 팁의 관습이 있어 음식점에서 일하는 사람이 상당히 높은 수입을 올리는 일도 드물지 않다. 미국의 대도시에서는 현재 팁이 18~20퍼센트 정도이기 때문에 레스토랑에 4인 1팀이 와서 1인 당 1만 엔씩 합계 4만 엔분의 식사를 하는 경우, 그 테이블을 담당하는 직원은 7000~8000 엔의 팁을 그대로 손에 넣게 된다. 소믈리에의 경우 한 테이블에서 10만 엔의 와인 1병을 비우면 2만 엔에 가까운 팁을 얻는다. 필연적으로 소믈리에의 수입은 높아지고 일상적으로 비싼 와인도 마실 수 있기에, 한층 와인에 정통하게 되고 소믈리에로서 보다 수준 높은 일이 가능해진다. 일본의 경우에는 고정급으로 일하는 소믈리에가 대부분이기 때문에, 사적으로 자주 좋은 와인의 맛을 익힐 기회를 갖기는 어렵다. 결과적으로 일본에서 소믈리에는 싸고 맛있는 와인을 알려주는 존재라는 이미지가 되는 것이다.

어떤 직업이라도 돈을 많이 받는 사람이 더 좋은 일을 한다는 것은 당연한 일이기도 하다. 예컨대 베이비시터를 해도 미국에서는 우수한 베이비시터라면 수만 엔의 시급을 받는 사람이 흔하다고 한다. 일본에서도 초부유층인 사람들이 매우 숙련된 베이비시터나 가사대행인을 파격적인 시급으로 고용하면 안심하고 아이를 맡기고 외출할 수 있고 완벽한 청소를 받을 수 있어 자신들에게도 장점이 클 것이다.

직종을 불문하고 어떤 일이든 최고로 하는 사람은 반드시 있다. 가령 일본 굴지의 베드메이킹(침대 정돈)의 달인도 있지 않은가. 그런 사람들이 그에 합당한 대가를 얻게 되면 그 직종 전체의 수준도 저절로 올라간다.

부유층이 더욱 부유해지면 그 부가 자연스럽게 저소득층에 흘러 경제 전체가 성장한다는 '트리클 다운 이론'(낙수효과)에 관해서는 회의적인 시각이 많지만 부유층이 터무니없는 돈을 지불하여 이런저런 직종의 사람들을 고용할 때 비로소 격차사회의 의미가 생긴다.

청소일을 하는 사람이 최고의 청소인이 되면 시급 5만 엔을 받을지도 모른다는 꿈을 갖는다면 이 세상은 바뀔 수 있다고 생각한다. 그러나 일본의 경우 부자들이 인색하기에 그런 일은 일어나지 않고 모든 직업에 대해 꿈이 없는 것이 현실이다. 부자들이 돈을 쓰는 것으로 다소간 꿈이 생길 수 있는 직업은, 요즘에는 요리인 정도가 아닐까 싶다. 가사대행의 전문가가 시급 5만 엔을 받게 되는 것에 대해 '괘씸하다'라는 생각은 사고가 너무 편협하다는 것이다. 그것은 그 업계의 최고 수준의 사람의 시급이 5만 엔이 된다는 이야기일 뿐, 그 이외의 사람들의 시급이 변할 리는 없다. 하지만 그 사람들에게 꿈이 생겨나는 것은 확실하다. 스포츠에서도 어느 경기가 프로화가 되어 선수가 열심히 노력하면 연봉 1억 엔을 받을 수 있게 된다면 그 경기 전체의 수준이 올라간다.

'이 직업은 이런 것', '이 직업의 사람은 이런 사람'이라고 단정 짓지 않고, 직업도 인생도 가지각색이라고 생각할 수 있는 사고의 폭을 가지는 것이 매우 중요하다.

'해보지 않으면 모른다'라는
정신으로 도전하자

고이즈미 전 수상의 말 중 내가 명언이라고 생각하는 것이 하나
더 있다.

숙원이었던 우정민영화를 실현시키고자 2005년에 그는 소위
'우정해산'을 총선거에서 내걸었다. 우정사업과 같은 공공 서비
스는 국영이 아니면 유지가 어렵다는 목소리가 있는 가운데, 민
의를 묻는 선거에서 승산이 있겠냐는 질문에 그는 이렇게 대답
했다.

'선거는 해보지 않으면 알 수 없다고 생각한다.'

확실히 선거 자체도, 우정사업을 민영화해서 과연 잘 될지도
해보지 않으면 알 수 없다. 국철(구 일본국유철도)이나 우정의 민
영화에 있어서는, 당초에 모든 주식을 국가가 보유하는 것이 법
률로 규정되어 있다. 이것은 해보고 잘 되지 않으면 다시 국영으
로 돌리겠다는 의미다. 하지만 일본인은 일단 결정한 일은 바꾸

지 않으려는 나쁜 버릇이 있다. 영국이나 프랑스에서는 국영과 민영이 수시로 바뀌는 회사가 자주 보인다. 일본의 경우 일단 민영화하면 절대로 국영으로는 돌아가지 않는 것이 불문율이지만, 해보고 잘 되지 않으면 원래대로 돌리는 것은 당연한 일이다.

해보지 않으면 알 수 없다. 그러나 어설피 공부한 사람들은 해보기 전에 답이 있는 것처럼 생각하기 쉽다.

나는 소비확대를 위해서는 감세보다 오히려 소득세를 올리고 그만큼 더 많은 경비를 인정해주는 쪽이 효과적이라고 주장해 왔다. 그러면 저축한 돈을 '세금으로 낼 바에 경비로 써버리자'고 생각하는 사람들이 늘어날 것이기 때문이다. 그것에 대해 '그런 것은 어떤 경제학 교과서에도 쓰여 있지 않아', '경제학의 이론에 반한다' 등으로 말하는 사람들이 있다. 그러나 실제로 시도해 보기 전에는 나의 주장이 옳은지 틀린지 알 수 없다. 적어도 현 시점에서는 아직 시도해 보지 않는 이상 틀렸다고 누구도 단정하지 못할 것이다.

중국제품의 진화는 눈부실 정도이지만, 중국에서는 개발단계에서 아직 어중간한 상태로 제품을 시장에 내보내, 소비자로부터의 클레임을 기반으로 개량해 가는 패턴이 많다고들 한다. 미국도 과거에는 그런 패턴이 많았던 느낌이다. 일본의 경우는 개발에 시간을 들여 완벽하다고 생각되는 제품을 만든 후, 만반의

준비를 하여 시장에 투입한다. 그래서 고장 등의 트러블이 적지만 이후 제품의 개량이 그다지 이어지지 않는 일이 많은 듯하다. 개선의 속도가 과거와는 비교할 수 없을 정도로 빨라지고 있는 지금, 완벽한 마무리는 아니더라도 시장에 내고 거기서 개량을 거듭하는 방식이 지금 시대에는 맞다는 느낌이다.

실제로 실패한다는 것을 전제로 실행하는 것이다. 나는 이전에 학교에서의 이과 실험은 시간 낭비이고 그 시간에 수학 한 문제라도 더 외우는 것이 좋다고 발언했다가 맹비판을 당한 일이 있다. 그러나 일본의 중학교나 고등학교에서의 실험은 학생들이 다치지 않게 하는 것이 제일이기 때문에, 처음부터 실패하지 않는 순서를 가르쳐 실험한다. 그것은 말하자면 요리교실이지 실험이 아니다. 실패하지 않는 것을 실험이라고 부를 수는 없다. 실패하면 다음의 실험을 구상해보는 그런 과정 자체가 실험인 것이다. 내가 제창한 공부법을 시도해보고 성적이 오르지 않으면 다른 공부법을 시도해보는 쪽이 학교에서 이과 실험을 하는 것보다 훨씬 더 '실험을 한다'고 말할 수 있다.

실험정신 그 자체를 무시하고 학교에 실험실만 늘리는 것으로는 일본인의 과학실력이 올라가지 않는 것은 당연하다. 인생이 실험이라고 생각할 수 있으면 오래 살수록 즐길 수 있고 이런 저런 실험이 가능하다.

나이가 들면 연애는 불가능하다고 굳게 믿는 고령자들도 있지만 상대에게 접근하지 않으면 차일지 어떨지 모르는 것이다. 세상에는 고령의 남성이 좋다는 여성도 있고 고령의 여성이 정말 좋다는 남성도 있다. 나이를 거듭하며 인간의 '폭'이 넓어지고 젊음과 외모만으로 상대의 매력을 판단하지 않는, 고령자만의 연애를 즐길 수 있는 것이다.

무엇이든지 실험이라고 생각해 보면 나이가 들어서도 부담 없이 이런저런 것들을 즐길 수 있다. 그것을 할 수 있는 것도 매력적인 고령자의 포인트라고 생각한다.

'실패할 수 있다'는 것을
순순히 받아들이자

해보지 않으면 알 수 없는 것은 매우 많다. 그래서 실험이라고 생각하면 해보고 실패해도 상관없을 것이다. 다만 실패하면 다시 일어설 수 없는 일은 해서는 안 된다. 그건 실험이 아니라 도박이다. 패스트리테일링(유니클로의 모회사)의 회장 겸 사장인 야나이 타다시 씨는 비지니스는 '1승 9패'라고 저서에서 말하고 있다. 작은 아홉 번의 패배가 있어도 한 번의 큰 승리가 있으면 성공이라는 것이다.

버블 시기에는 그 반대인 '9승 1패'로 파산하는 사람들이 매우 많았다. 그때까지 토지의 매매로 이익을 보던 사람들이 토지의 가격이 내려가는 일은 없다, 즉 절대로 실패할 일은 없다고 생각하여 마지막 한 번에 막대한 금액을 쏟아 넣고 모든 것을 잃은 것이다. 해보지 않으면 알 수 없다는 것은 '절대로 실패한다'는 것이 아닌 것처럼 '절대로 성공한다'일 리도 없는 것이다. 절대로 성공하는 것은 아니라고 생각하면 도박처럼 전 재산을 거는 일은 하지 않을 것이고, 반대로 절대로 실패하는 것은 아니라고 생각하면 이런저런 것들에 도전할 수 있을 것이다.

시도하는데 생각처럼 되지 않는 경험은 나이가 들수록 그럴 것이다. 예상대로 결과가 나오지 않는 것은 당연하고 그럴 때는 다른 방법으로 시도해보는 것이다. 가령 의사의 경우 환자가 먹고 있는 약이 맞지 않다고 상담해오는 경우 바로 약을 바꾸는 것이 좋은 의사라고 생각한다. 자신의 굳어진 사고방식이 베테랑이 되면서 누그러지고, '이 방법이 안 된다면 이걸 해보자'고 유연하게 생각하는 의사는 나이가 들수록 실력이 좋아진다. 드라마에 나오는 천재 의사 같은 이미지로, 의사의 실력은 천성이라고 생각하는 것은 그만두는 것이 좋다고 생각한다. '난 실패하지 않으니까'가 아니라 실패를 거듭하며 반성함으로써 실력이 늘어가는 것이 원래 의사의 모습이라고 생각한다.

두개저 수술의 세계적 권위자로, 천재적인 뇌신경외과의라 불리는 후쿠시마 타카노리 씨는 79세인 현재도 현역으로 활약하고 있다. 나는 의대생 시절 후쿠시마 씨가 수술하는 병원에서 실습을 하고 있었다. 그는 천재적인 수술 실력뿐만 아니라 간호사 등 직원들에게 지금이라면 갑질이라고 불릴 만한 엄격함으로도 유명했다.

그럼에도 불구하고 그는 놀랄 정도로 주위로부터 흠모의 대상이었다. 수술 실력에 대해서는 절대적인 자신이 있고 굳이 그걸 숨기지 않는 그였지만, 수술이 생각처럼 잘 되지 않았을 때는 '나는 정말 빌어먹을 의사다. 이 환자의 미래를 망쳐버렸어'라며 남의 시선을 신경 쓰지 않고 고래고래 소리를 지르며 펑펑 우는 일면도 있다는 것이 주위로부터의 전언이다.

　　뇌외과이기 때문에 실패하면 큰 후유증이 남을 것은 사실이지만, 그 정도의 실력이 있는 사람이 남의 시선을 의식하지 않고 환자를 위해 우는 모습으로 간호사와 연수의들이 그의 팬이 된 것이다. 잘 되지 않을 경우에 그 사실을 정면으로 받아들이고 고뇌를 고스란히 드러낸다, 그 모습이 주위의 사람들의 마음을 울리고 따라오게 하는 것이라고 느꼈던 기억이 있다.

고령기일수록
'긴 안목으로 본다'는
힘을 단련하자

사물을 긴 안목으로 볼 수 있는 것도 고령자의 유리한 점이라고 생각한다. 젊어서 출세하는 것과 눈앞의 승부에 이기는 것에 필사적인 인생을 보내온 사람이라도, 나이가 들면 '그렇게 아등바등하지 않고 좀 더 앞일을 생각했으면 좋으련만'이라고 생각하는 일이 많다. 학력이 없어도 성공한 사람들도 아주 많고, 출세경쟁에서 이겨야 하는 것도 아니다. 최후에 웃을 수 있으면 좋고, 살아남는 일이 중요하다는 발상으로 바뀌는 게 아닐까.

나는 20대 후반에 처음으로 책을 낸 이후 문필업계에서도 비교적 끈질기게 살아남은 편이라고 생각한다. 책의 판매를 말하자면 밀리언셀러는 한 권도 내지 못했고 오히려 젊은 시절에 쓴 쪽이 잘 팔렸다. 그래도 40대에 들어선 이후에는 매년 꾸준히 20~50권 정도의 책을 내고 있다. 세상으로부터 '사라지지 않는' 것이 나의 장점이라고 생각한다. 동년대의 작가로 한때 대단한 인기 작가였던 한 사람은 내가 60권 정도의 책을 낼 때 가볍게 80권 이상의 책을 냈다. 당시에는 도저히 이길 수 없다고 생각했지만 그런 그도 이윽고 속도가 떨어졌다. 지금 소설가 이외의 글을 쓰는 사람으로 십수 년을 이어 생존한 사람은 손에 꼽을 정도다. 그중 한 사람으로서 인기 작가는 아니더라도 계속 사라지지 않고 이렇게 매년 20권 이상의 책을 아직까지 내는 일은, 나름대로 자랑할 만한 일이 아닐까 생각한다. 오래 살아남는다는 것은 계속 도전할 수 있는 기회가 있다는 것이다. 그러므로 나도 혹시 미래에 밀리언셀러가 되는 책을 출판할지도 모르는 일이고, 그렇지 않더라도 거기서 끝나는 것은 아니라고 생각한다.

사람은 눈앞에 있는 것에 사로잡히면 앞으로의 결과가 보이지 않게 된다. 제2장에서 이야기한 모리타 요법에서는 환자가 지금 고민하는 증상 자체를 치료하려 하지 않는다. 그것보다도 그 증상을 없애는 것으로 결과적으로 본인은 어떻게 되길 원하는 것인가, 예를 들어 얼굴이 붉은 증상을 치료하고 싶다는 것은 결국 사람들로부터 호감을 받고 싶다는 것으로 시선을 돌리게 하는 것이다. 그래서 그 희망하는 결과에 접근하는 방법을 생각한다. 얼굴이 붉은 것이 고쳐지지 않더라도 사람들로부터 호감을 받게 되는 방법을 생각하게 하여 실행에 옮기게 하는 것이다.

그와 같이 긴 안목으로 본다는 일은 눈앞의 일이 아니라 그 후에 있을 결과에 눈을 향하게 하는 것이 가능하다는 것이다. 가령 손자의 중학입시에서 아들이나 딸이 손자 본인의 마음은 무시하고 좋은 학교에 보내기 위해 필사적으로 공부를 시킨다고 해보자. 그럴 때 '무리하게 공부시키다가 그 아이가 공부가 싫어지면, 대학입시에서도 잘하지 못하게 되고 앞으로의 인생에서도 계속 고생하게 될 것이다'고 이야기하는 것이다.

그런 것이야 말로 긴 안목으로 보는 능력을 가진 고령자의 가치다. 긴 안목으로 보는 능력의 중요성은 나이가 들수록 늘어나게 된다. 그 능력이 있으면 건강진단의 결과에 휘둘리지 않는 쪽이 장수하는 일이 많고, 감염증 등을 두려워하여 계속 외출하지 않으면 걷지 못하게 될 위험이 높아진다는 것을 내다보는 일이 가능한 것이다.

고령자일수록 긴 시선으로 보는 힘을 단련하는 쪽이 좋다고 생각한다. 단기적인 결과만으로 사물을 판단하는 버릇이 고쳐지지 않는 고령자도 있는 한편, 장기적인 전망을 가지고 '그렇게 얘기해도 5년, 10년 지나보지 않으면 알 수 없어'라고 말하는 고령자도 있다. 폼으로 나이 든 게 아니라고 느껴지는 사람은 역시 후자이다.

고령자 중에는 헛되게 나이를 먹은 사람과 폼으로 나이 먹은 게 아닌 사람이 있다. 품격 있는 고령자가 된다는 것은 즉 '폼으로 나이 든 게 아닌 사람'이 되는 것이나 다름없다고 생각한다.

제 6장

멋진 고령자가 되기 위해
필요한 것

'무엇이 되고 싶다'에서
'이렇게 있고 싶다'로

고령자가 되어 느끼는 큰 장점 중 하나는 세속의 가치관으로부터 자유로울 수 있다는 점이라고 생각한다.

사람은 일반적으로 '이렇게 되고 싶다'고 생각한 것을 향해 인생을 살아간다. 인생의 대부분의 시기에 있어서 '이 직업을 갖고 싶다', '이 지위를 얻고 싶다' 등의 구체적인 것을 목표로 하는 일이 많을 것이다. 하지만 나이가 들면 그것이 어려워진다. 거기서부터 앞으로는 '나는 이렇게 있고 싶다'라는 것을 가지지 않으면 살아가는 것이 힘들어진다고 생각한다. 실제로 나는 어느 시기부터 지위에 대한 관심이 거의 없어지고 '이렇게 있고 싶다'라는 내 자신의 이상에 대해 생각하게 됐다. 거기서 내가 맨 먼저 생각한 것은 나이가 들어도 '재미있는 사람'으로 있고 싶다, 시시한 사람으로 여겨지고 싶지 않다는 것이다. 경쟁사회 속에서는 '재미있는 사람'이 이길 일은 없다. 그래도 길게 보면 경쟁사회에서 계속 이기는 것보다 재미있는 사람으로 있는 일이 가치가 느껴진다.

세속의 가치관을 축으로 하면 이 직업이 보다 사회적인 지위가 높다, 이 직함이 보다 잘나 보인다, 그래서 그것을 목표로 하게 된다고 생각한다. 하지만 나이를 먹으면 그 가치관에서 자유로워져 'OO이 되고 싶다'의 명사형인 'OO가 되고 싶은 나'보다도, 어떻게 있을 것인가의 'HOW'의 의미로서 '이렇게 있고 싶은 나'의 이미지를 갖고 싶어 하는 것이다. 예컨대 나이 들고나서 '작가가 되고 싶다'고 생각하는 사람도 있을 것이다. 거기서 문학상을 노려도 현실은 녹록치 않을 것이다. 상은 사람이 심사해 뽑는 것인 이상, 심사위원의 나이대가 자신보다 아래일수록 세대의 감성의 차이가 커져 뽑히기 어려워진다. 하지만 읽는 사람이 재미있어 하는 것을 쓰는 일은 몇 세까지라도 가능하다. 그것부터 노려 본다면 그게 더 가치가 있는 일이 아닐까. 이제는 종이책을 고집하지 않아도 인터넷으로 작품을 발표하고 그것이 화제가 되는 경우도 많다. 나도 '이 나이가 되어 보지 않으면 이런 사고방식은 불가능하다'고 느껴지는 것을 쓰고 싶다, 그런 것을 쓸 수 있는 사람으로 있고 싶다는 생각을 한다.

세속의 가치관에 사로잡히고 싶지 않다고 생각해도 젊은 시절에는 그럴 수밖에 없었다고 생각하는 사람들도 있을 것이다.

사회에서 일하다 보면 그 안에서 위로 올라가고 싶다고 생각하는 것도 필연적이고, 그러기 위해 상사의 눈이나 주위로부터의 평가도 신경 쓰지 않을 수 없을 것이다.

그 굴레로부터 해방되어 자신이 좋아하는 일을 할 수 있고, 정말로 '이렇게 있고 싶다'고 생각하는 자신을 추구한다. 그것이야말로 나이가 든 것에서 얻을 수 있는 큰 특권이라고 생각한다.

실제로 나이가 들면 지위가 훌륭한 사람들보다 삶의 방식과 이야기 하는 것이 매력적인 사람 쪽이 훨씬 사람들을 끌어당긴다. 그런 것들이 반드시 '이렇게 있고 싶다'는 자신이라고 한정할 수는 없지만, '이렇게 있고 싶다'는 자신을 찾아보는 것도 나이가 들고 나서부터의 시간 활용법으로 의미를 가진다고 생각한다.

인생의 절정은
후반일수록 좋다

젊은 시절의 나는, 젊어서 유명해져서 칭송 받는 사람들이 부러워서 견딜 수 없었다. 그런 사람들의 활약을 흘끔거리고 '나는 왜 맨날 잘나가지 못할까'라 생각하는 상태가 지속됐다. 하지만 좀 억지인지 몰라도 요즘에는 '인생의 절정은 후반인 쪽이 낫다'고 생각하고 있다. 나이가 들다 보면 젊은 시절의 성공했던 사람이 과거의 영광에 매달려 자기자랑만 하는 비호감의 노인이 된 것을 보는 일이 있다.

나는 고령자들을 많이 진찰해온 것도 있고, 어느 시기부터 저자로서나 영화감독으로서도 정점을 맞이하는 것은 늦을수록 좋다고 생각하게 됐다. 물론 '발상이 뛰어난 젊은 시절에 성공하는 것보다 좋은 것은 없다'라는 의견도 있을 것이다. 하지만 젊은 사람들의 발상이 재미있다는 것이 사실이라 해도 한편으로는 젊기 때문에 발상의 폭이 좁다는 면도 있다고 생각한다. 젊은 시절에

100억 엔의 자산을 손에 넣으면 남은 인생을 유유자적할 수 있다고 생각할지도 모르지만, 그것은 그런 만큼 재미없어 보이기도 한다.

세금 문제로 일본에서 싱가폴로 이주한 기업가나 자산가가 상당히 높은 확률로 수년 후에 일본으로 돌아온다는 이야기를 듣는다. 온난한 기후와 치안도 좋고 음식도 맛있는 이상적인 장소라는 생각으로 이주한 것이, 실제로는 맛이야 어쨌건 음식의 종류의 폭이 좁고 기후도 단조로워 아쉬움을 느끼는 것 같다. 특히 고령으로 이주한 경우 인생의 마지막이 가까워지면 '일본에서 죽고 싶다'라는 생각이 강해지는 사람이 많다고도 한다.

일본의 식문화는 다채롭고 사계절도 있다. 혹서의 날도 눈의 날도 있기 때문에 즐거움이 있다. 마찬가지로 '인생은 가지각색', '인생은 산도 있고 계곡도 있다'. 그렇기에 재미있다고 말할 수 있는 것이다. '지금은 글렀지만 앞으로 좋은 일이 있을지도 몰라'라고 생각할 수 있는지 아닌지는, 긴 인생을 살아가는 데 매우 중요한 포인트라고 생각한다.

중국에서는 가혹한 경쟁사회를 일찌감치 이탈하여 집도 사지 않고 결혼도 하지 않는, 가능하면 아무것도 하지 않고 사는 것을 원하는 '네소베리족'(누워만 있는 상태)이라 불리는 젊은이들이 늘고 있다고 한다. 일본에서도 꿈이 없고 이상하게도 포기하기를 좋아하는 젊은 사람들이 늘고 있다는 인상이 있다. 앞으로 좋은 일이 있다고 생각하지 않으면, 연령과 관계없이 그때부터 앞으로의 인생은 단지 긴 시간을 힘겹게 버틸 뿐인 '여생'이 되고 말 것이다.

인생의 절정은 앞으로의 미래에 있다. 그런 생각이 가능하면 고령기에 접어들어도 절정을 향한 즐거움은 계속될 것이다.

목표로 하고 싶은 것은
소탈한 노년

문호 나가이 카후는 탐미적인 작품을 남기는 한편 사창가에 눌러앉아 있는 생애를 보내 '불량노인의 원조'라고도 불리고 있는 인물이다. 극단적인 이야기일지는 모르겠으나 평범한 사회인이자 아버지이기도 한 중년남성이, 나가이 카후처럼 살고 싶다고 생각한다 해도 우선 현실에서는 용납되지 않을 것이다. 현재 61세인 나라도 그런 생각을 입 밖에 냈다가는 역시 주위로부터 제지 당할 것이다.

그러나 70대나 80대가 되어 자식들도 자립하고 배우자도 서로 간에 독립하는 생활이 가능해지게 된(이게 의외로 어려운 일이지만) 후라면, '이제 적당히 하는 게 좋지 않아?' 정도로 타이르는 것으로 지나갈 것도 같다. 교토의 하나미치(전통유흥가)의 오자시키아소비(전통요정에서 음식과 가무를 즐김)는 젊은 사람보다는 오히려 나이 든 사람이 잘 어울린다. 옛날에는 일본도 그런 문화였는지 모르겠지만 서구에서도 놀이에 대한 의식이 왕성한 노년 층들은 멋지다고 인식된다. 품격이라 하면 오해하기 쉬울 수 있지만 나는 고상한 노인, 도덕적인 노인을 목표로 해야 한다고 말하고 싶은 것이 아니다. 목표로 하는 것은 소탈한 노인, 재미있는 노인, 삶의 방식이 부럽다고 생각되는 노인이다.

지금으로부터 20여 년 전, 가부키 배우 사카다 토쥬로 씨가 생전에 50세 이상 연하의 무희와 밀회하다가 입고 있던 가운을 드러내 하반신을 보인 것이 보도되어 한바탕 소동이 벌어진 일이 있었다. 그것이 그의 품격을 떨어뜨렸는가 아닌가는 찬반이 있을 것이다. 하지만 아내 오우기 치카게 씨가 개의치 않는다는 태도를 보였기 때문이기도 했고, 이 소동은 당시 어딘가 웃고 넘어갈 부분이 있었다고 생각한다. 거기서 토쥬로 씨가 얼굴이 벌개져 '그런 일은 하지 않았다'라고 했다면 분명히 꼴사나웠을 것이라고 생각한다. 그런데 기자회견에서 '부끄럽구먼, 내가 건강하다는 걸 증명해버렸네' 했던 것은 역시 그 답다고 느껴졌다.

젊은 시절에는 이 세상을 살아가는 이상, 세속의 가치관과 상식에 얽매이는 것은 어쩔 수 없는 일이다. 하지만 나이와 더불어 자유로워지는 부분도 있다.

내가 소탈한 노인이라고 생각하는 것은 세속의 가치관에 얽매이지 않고 초연한 사람이다. 구체적인 이미지로는 예컨대 텔

런트 타카다 준지 씨다. 현재 75세의 타카다 씨는 '적당', '그만 좀 해'의 대명사 같은 존재지만, 그런 삶의 방식이 가능하다면 정신건강 측면에서도 이상적이다.

'상식적인 노인을 목표로 하는 것보다, 타카다 준지 씨의 캐릭터를 목표로 하자'고 나는 여기저기 말하고 다닌다.

비호감 노인의 대표적인 예가 설교하는 노인이다. 인지요법이라는 심리 치료법에서 치료대상이 되는 사고의 패턴 중 하나가 '카쿠아루베시(이래야만 한다) 사고'다. 원래 세상은 '이래야만 한다'는 대로 되지 않는다는 것을 제일 잘 알고 있는 것은 고령자일 것이다. '이래야만 한다' 대로 하지 않은 사람이 뜻밖에 잘 풀리고 반대로 '이래야만 한다'에 얽매인 사람이 궁지에 몰려 우울병이 되는 경우 등을 봐 왔을 것이다. 세속의 가치관에서 벗어난다는 것은 '이래야만 한다는 사고'에서 탈출한다는 것이기도 하다. 품격 있는 노년이라는 것은 설교하는 노인이나 도덕적인 노인과는 다르다. 의사의 세계에서도 '이래야만 한다'는, 말은 쉬운 설명만 하려는 의사가 있는 한편 초연한데도 이 의사가 있는 것만으로 주위에 영향을 끼치는 의사도 있다. 거기서 압도적으로 멋지고 평가가 좋은 것은 후자다.

설교하지 않아도 주위의 사람들로부터 흠모의 대상이 되고, 자연스럽게 따라하게 하는 사람. 그 모습을 본 사람들에게 '저런 식으로 살고 싶다'고 생각하게 하는 사람이 되는 것이 이상적이다. 나도 언젠가 그렇게 되고 싶다고 생각한다. 다만 이제까지 그런 일은 없었는데 60대가 된 지금, 도쿄대 의학부를 나온 젊은 의사들로부터 '대학 의국에 얽매이지 않고 하고 싶은 일을 하는 와다 선생처럼 되고 싶다'는 목소리가 슬슬 들리게 됐다고 하니 이것은 솔직히 기쁘게 받아들이고 싶다.

호르몬 밸런스의 변화를
아군으로 만들자

고령기에는 남성은 남성 호르몬이 감소하는 것에 비해 여성은 폐경 후 남성 호르몬이 오히려 증가한다. 이 때문에 고령의 남성은 사람과 어울리는 것 등을 귀찮아 하기 쉬운데, 여성은 반대로 이전보다도 활동적인 경향을 보인다. 남성의 경우 부족한 남성 호르몬을 약으로 체내에 보충하는, 보충요법을 실시하는 것으로 몰라 보게 원기를 찾는 경우가 꽤 있다. 프로 스키선수인 미우라 유이치로 씨는 76세 때 골절로 근력이 저하된 것을 계기로, 일본 멘즈헬스 의학회 명예이사장인 구마모토 요시아키 의사의 권유로 남성 호르몬 보충요법을 시작했다고 한다. 80세에 에베레스트에 등정했을 때도 남성 호르몬을 주입하면서 올랐다고 한다. 현재 92세의 구마모토 씨 본인도 남성 호르몬 보충요법을 실시하고 있다고 한다.

일본에서는 이런 요법을 행하는 일을 반칙처럼 여기는 사람이 많지만 특별히 위법한 약물을 주입하는 것은 아니다. '약으로 건강해지자'라는 것은, 올림픽에서라면 도핑이 될지 모르지만(실제로 남성 호르몬은 도핑 약으로 지정되어 있다) 인생에 도핑은 없다.

　호르몬 보충요법을 받아들일 것인가는 어디까지나 본인에 달렸다. 활력 있게 지내고 싶다면 유효성이 높은 선택지고, 이미 '시든 노인'으로 상관없다면 무리하게 실시할 필요는 없는 것이다. 다만 시들었는데도 한가함을 주체 못해 아내에게 찰싹 달라붙어 있는 소위 '누레오치바'*와 같이 늙는 방법은 생각해볼 일이다. 시들시들한 나름대로 하이쿠든 뭐든 좋으니 취미를 가지고 적절히 사교를 즐기는 편이 좋다고 생각한다.

　여성의 경우는 전술한 것처럼 남성 호르몬이 증가해 활동적, 사교적으로 되는 일이 많기에, 고령기가 된 후부터 교우관계가 넓어지고 적극적으로 여행을 떠나는 사람도 많다. 거기서 '나잇값도 못하고'라고 생각해 행동을 자제한다면 역시 노화는 빨라지게 된다. 그런 의미에서 남성 이상으로 사람들 눈치를 보지 않고 즐기는 의식을 가지는 편이 좋다고 생각한다.

　그런데 같은 나이의 남성과 여성을 비교할 때, 여성 쪽이 활동적이지만 통계에서는 인지증 환자 중 여성 쪽이 비율이 많다. 그

---

*　젖은 낙엽, 은퇴 후 아내에게만 의존하는 남성

이유는 잘 모르겠지만 가사 등의 일정한 패턴의 행동이 많고 뇌의 자극이 비교적 적은 생활을 하는 것이 요인의 한 가지가 아닌가 생각된다. 또 알츠하이머형은 폐경 후 여성 호르몬(에스트로겐)이 감소하는 것과 관계가 있다는 설도 있다.

그러나 이런 것을 생각하더라도 모처럼 의욕이 생겼다면 활동적으로 움직이고, 뇌를 활성화시키는 것 이상으로 좋은 것은 없다고 생각한다. 이미 별세한 세토우치 자쿠초 씨를 봐도, 쿠로야나기 테츠코(여배우) 씨를 봐도 활동적으로 사는 사람에게 인지증은 좀처럼 다가오지 않는 것 같다.

'성숙한 의존'이
가능한 사람이 되자

남에게 의지하지 않는 것이 미덕처럼 여겨지기 쉽지만 고령이 되면 누구라도 남에게 의지할 수밖에 없게 된다. 다리나 허리가 약해져도 자립생활을 고집하면, 넘어져서 골절되거나 그로 인해 누워만 지내게 될 위험도 올라가 오히려 주위에 부담을 끼치게 되는 일로 이어지게 된다. 거기서는 고집부리지 않고 순순히 공공서비스의 신세를 지는 것을 생각하는 편이 좋다.

간병보험이나 공적인 복지 서비스를 이용하는 것은 당연한 권리다. 서양이 일본과 크게 다른 점 중 하나가, 낸 세금을 돌려받는다는 국민의 의식이 강하다는 것이다. 그래서 북유럽의 나라들처럼 세금을 많이 내도 그만큼 복지를 두텁게 받을 수 있다면 국민들은 불만을 가지지 않는다.

최근 영국 등에서는 낸 세금을 복지로 돌려받는다는 발상이 재정의 파탄과 사회의 정체를 초래한다는 논의도 있어 자립하는 문화로 이동해가는 것 같지만, 그래도 '본전을 찾는다'는 의식은 뿌리깊고 선거에서도 쟁점이 된다. 또 북유럽의 나라들의 경우 노동자들이 해고 당해도 나라의 복지로 살아갈 수 있기 때문에 산업의 전환이 비교적 용이하다는 면도 있다. 가령 핀란드의 노키아는 이전에 세계 최대의 휴대전화 단말기 제조사였다. 그런데 휴대전화가 팔리지 않게 되자 종업원을 대량으로 해고하고, 다른 사업으로 전환해 생존을 도모하는 선택이 가능했다.

'복지는 개인을 위한 것이 아니다'라는 측면이 있다. 남에게 의지하지 않으려고 생각하는 사람은 몸이 약해졌을 때 가능하면 공공의 신세를 지지 않기 위해 돈을 모으려 한다. 하지만 그로 인해 소비 불황이 일어나고 결과적으로 나라로서는 불이익이 될 가능성이 있다.

중요한 것은 의존하지 않는 것이 아닌, '성숙한 의존'이 가능하도록 하는 것이라고 생각한다. 남에게 신세를 지는 대신 뭔가를 되돌려주자. '기브 앤드 테이크'보다 실질적으로는 '테이크 앤드 기브'가 가능하면 좋겠다고 생각한다. 예를 들어 공공의 간병 서비스에 의존하는 것으로, 가족의 간병 부담이 줄어 서로 괴롭지 않을 수 있다. 더 간단한 일로는 타인에게 뭔가 친절함을 받았을 때 '고맙습니다' 한마디를 돌려주는 것만으로 상대의 자존심을 채워주는 일이 가능하다.

고령자의 경우 병으로 누워만 있고 전혀 의사소통이 어려워져 완전히 일방적으로 의존하게 되는 일도 없지는 않지만, 보통은 한쪽이 의존하게 되고 상대도 심리적으로 무엇인가 채워지게 된다. 아주 공부를 잘하는 우등생과 그 우등생에게 항상 노트를 빌려온 열등생이 있다면, 후자가 일방적으로 전자에게 의존하는 것인가 하면 꼭 그렇게만 볼 수는 없다. 그 열등생에게 감사하다는 말을 듣고 선심 쓰며 노트를 빌려주는 인간성을 칭찬받는 것으로 우등생은 만족감을 느끼게 될 수도 있는 것이다. 상대에게 직접 돌려주는 형태가 아니더라도 타인에게 의존하는 것으로 그 니즈를 채우기 위한 고용이 생기기도 한다. 내가 의존함으로써 세상 전체로서는 '기브 앤드 테이크'로 수지가 맞고, 그것으로 세상이 돌아간다면 좋겠다는 생각을 해보자.

　의존이라는 것은 타인뿐만이 아닌 도구에의 의존이라는 것도 있다. 많은 고령자들이 지팡이를 사용하는 것, 보청기를 쓰는 것, 기저귀를 받아들이는 것에 저항이 있을 것이다. 하지만 그것으로 넘어질 위험을 줄이고, 커뮤니케이션을 쉽게 하고, 화장실을 찾아다닐 필요가 없어져 자유롭게 행동할 수 있는 측면도 있다. 그 편이 고령자의 삶의 질도 올려준다. 앞으로 자율주행이 실용화되어도 그 차에 타고 싶지 않다고 생각하는 사람들도 있을 것이다. 그러나 스스로 운전하는 것을 고집하는 것보다 더욱 안전하고 쾌적하게 이동할 수 있는 것도 사실이다.

　순순히 의존하는 편이 여유로운 고령자가 될 수 있다고 생각한다. 성숙하다는 것만이 아니고 능숙하게 의존한다는 것, 이것이 멋진 고령자로 이어지지 않을까.

타인에게 의지하는 대신
<u>스스로</u> 무엇을 할 수 있는가를
생각하자

'성숙한 의존'의 방법은 여러가지를 생각해볼 수 있다. 몸이 약해진 사람이 공적인 서비스의 도우미를 오게 하는 대신 이웃의 도움을 받고 평소에 신세진 것에 대한 예를 표할 겸 돈을 지불하는 것도 생각할 수 있고, 상황에 따라 말로 감사를 전하는 것만으로 좋을 수도 있을 것이다.

정신분석학자 코후트는 인간이란 의존적인 생명체로 타인에게 의존하지 않는 것은 산소에게 의존하지 않는 것과 같을 정도로 있을 수 없는 일이라고 말했다. 동시에 의존은 '피차일반'이라는 것도 지적했다.

고령이 되고부터 필요한 것은 어떻게 하면 다른 사람에게 의존하지 않고 살 것인가가 아닌, 남에게 의존하는 대신 나는 무엇을 할 수 있을 것인지를 생각하는 것이다.

'국가가 당신에게 무엇을 해줄 것인가가 아닌, 당신이 국가에 대해 무엇을 할 것인지를 물어보기 바란다'라는 존. F. 케네디가 미국 대통령 취임연설에서 한 유명한 말이 있다. 실은 이 이야기 전에 공산주의의 위협에 대항하기 위해 복지가 필요하다는 것을 논하고 있었기에, 부자들이 제대로 세금을 내서 빈곤을 척결하자는 의미로 국가에 대해 무엇을 할 수 있는지를 논한 것이라는 설도 있지만 어쨌든 자신이 무엇을 할 수 있는가를 생각하는 것도 필요하다고 생각한다.

몸이 약해져서 외출한 곳에서 다른 사람에게 의지하지 않도록 '외출 자체를 삼가자'라는 발상으로 자신의 생활을 제한하는 것이 아닌, '몸이 약해졌지만 기부라면 할 수 있다', '이런 자선활동이라면 할 수 있다'고 생각하며 주저하지 말고 남에게 의지하고, 하고 싶은 일을 포기하지 않도록 하는 것이 좋다고 생각한다. 그래서 자선활동을 하게 되면 그것으로 건강을 유지할 수 있는 것에 감사하자.

'성숙한 의존'은 '기브 앤드 테이크'의 발상이 기본이지만 '기브'에 있어서는 보상을 바라지 않고 기대하지 않는 것도 포인트다. 뭔가 좋은 일을 했을 때 보상을 바라면 그게 얻어지지 않았을 경우에 낙담하거나 화가 나게 된다. 좋은 일을 하는 것은 그것 자체에 의미가 있고 거기서 자신도 기분이 좋아지는 것인데, 보상이 없어서 기분이 상한다면 무엇을 위해 좋은 일을 하는 것인지 알 수 없게 되어버린다. 고령이 되면 할 수 없게 되는 일도 늘어나지만 가능한 일도 남아있기 때문에 그것을 살려야 한다. 할 수 없는 일은 다른 사람에게 의지해도 좋다. 하지만 그 대신에 내게도 아직 할 수 있는 일이 있다는 발상을 계속 가져야 한다는 것이다.

고령자는 '남에게 폐를 끼치면 안 된다'는 의식이 강한데, 그 자체는 존중할 일이지만 폐를 끼치지 않도록 고집을 부리는 것은 오히려 볼썽 사나운 것도 사실이라고 생각한다. 폐를 끼치지 않도록 하는 생각이 지나치면 결국 마지막에 정말 어쩔 수 없게 된 상황에서 남에게 의지하게 된다. 그리고 결과적으로 주위의 사람들로부터 '매정하다', '왜 좀 더 빨리 말해주지 않았을까'라는 말을 듣게 된다.

폐를 끼치지 않도록 하는 노력이 아니고, 폐를 끼치는 자신도 가능한 일이 무엇인지 찾아보는 노력을 하는 쪽이 현명하다.

감정은 풍부하게,
하지만 감정적으로는
되지 말자

고령이 되면 뇌의 전두엽이 위축되어 가기 때문에 감정의 조절이 쉽지 않게 된다. 관공서의 직원이나 가게의 직원의 대응에 화를 내고, 큰소리로 호통치는 고령자가 꽤 있다. 그런 모습을 본 사람들은 '폭주노인' 등으로 부르며 '저렇게는 되고 싶지 않다'고 생각하게 된다.

하지만 그런 고령자들 중 많은 사람이 평소에도 늘 분노에 차 있을 리는 없다. '이래야만 한다는 사고'가 강하기 때문에 그것에서 벗어난 사람을 보면 화가 치밀게 된다. 즉 규범의식이 강하고 평소에는 오히려 성실함 그 자체인 사람이 많다는 것이다. 바꿔 말하면 그들은 감정이 풍부한 것이 아니다. '폭주노인'과 같이 화를 잘 내고 혹은 눈물이 많아지는 등 일반적으로는 고령이 될수록 희로애락이 격해지게 된다고 하는데, 실제 많은 고령자들을 진찰해보면 오히려 반대라고 느낀다.

희로애락 등의 감정을 담당하는 대뇌변연계의 노화가 진행되기 때문에 일반적으로는 고령이 될수록 감정의 텐션이 떨어지게 된다. 감정의 텐션이 떨어지는 대신 전두엽도 위축되어 그 기능이 저하되기 때문에 일단 불이 붙으면 브레이크가 듣지 않는 것이 고령자들의 전형적인 감정의 패턴이라고 생각한다. 나는 이전에 〈감정적으로 되지 않는 책〉을 썼을 때, 책을 읽지 않은 사람들로부터 오해를 자주 받았는데 '감정적으로 되지 않는다'는 것은 분노 등의 감정을 억누르라는 것이 아니다. 감정을 갖는 것과 감정적으로 되는 일은 다르다. 감정을 갖는 것은 좋은 일이지만 가령 분노의 감정에 맡겨져 손이 나가거나 폭언을 하게 되는 것이 문제란 것이다. 혹은 뭔가 걱정되는 일로 불안해하는 것은 나쁜 일은 아니지만, 불안 감정에 의해 사고가 왜곡되고 사실을 은폐하려는 행위로 치닫는 것이 좋지 않다는 것이다. 내가 보기에 '감정적으로 되지 않는다'는 것은 분노를 언행으로 옮기지 않는 것, 분노와 불안에 의해 사고가 왜곡되지 않게 하는 것이다. 그래서 어른의 지혜를 발휘해 화가 날 때는 일단 심호흡을 하거나 '이런 데서 목소리를 높이면 꼴불견이지'라며 자신을 객관시하는 것이 필요하다. 감정에 휘둘려 사고가 왜곡되는 패턴의 하나는 앞뒤를 생각하지 못하게 된다는 것이다. 예컨대 감염증에 대해 불안에 휩싸여 앞으로 걷지 못하게 될 것을 생각하지 못하고 집에만 틀어박혀 있는 것을 계속하는 일이다. 불안감을 숨기려 해서 더욱 괴로워지거나 상대가 싫다는 감정에 휩싸여 상대가 말하는 전부를 부정하는 패턴도 있다.

감정 그 자체를 억누를 필요는 없다. 오히려 즐거울 때는 즐겁게, 우스울 때는 웃고, 정치 등에 화가 날 때는 화내고, 불안할 때는 그것을 다른 사람들과 공유한다. 그런 식으로 감정을 풍부하게 표현하는 일은 나쁜 일이 아니다. 고령이 되어서도 매력적인 사람들 중 많은 이들은 희로애락을 확실히 표현한다.

고령의 사람들은 이제까지 그것을 참고 여러 가지 감정을 억눌러 온 사람들이 많지 않을까 생각한다. 하지만 고령자들의 웃음은 아주 매력적이기도 하고 마음껏 웃는 일은 면역기능을 올려주는 효과도 있다. '멋진 고령자'라 할 때 떠오르는 사람, 가령 세토우치 자쿠초 씨와 같은 사람은 웃는 얼굴이 멋지다는 인상이 있다. 또한 정치나 세상의 부정 등에 대한 고령자의 분노에는 풍부한 인생경험으로 뒷받침된 리얼리티가 있다.

사람들은 절대로 감정이 풍부한 고령자를 미워하지 않는다. 감정을 밖으로 표출하는 사람의 대표적인 예라면 영화 '남자는 괴로워' 시리즈의 토라 씨나, 드라마 '타케우치 칸타로 일가'의 주인공 타케우치 칸타로 등이 떠오르는데 그들은 절대로 미움받지 않고 오히려 많은 사람들로부터 사랑받았다. 미움 받는 사람이 있다면, 감정을 표출하는 것에 그치지 않고 거기서 손이 나가거나 폭언을 하고 사람이 상처받을 욕을 하기 때문이다. 감정을 드러내도 좋다. 그러나 감정에 휘둘려 다른 사람에게 미움 받을 일을 하면 안 된다. 그 경계를 가늠할 수 있는 것이 품격 있는 고령자라고 생각한다.

사랑 받는 고령자는 역시 어딘가 귀여운 부분이 있다. 감정이 풍부하고 가끔은 부정적인 감정을 드러내도, '저 사람은 미워할 수 없다'고 사람들은 말한다. 그것 또한 멋진 일이지 않은가.

자연에 맡기지 않고
'그렇게 되자'고
의식하며 살기

나이가 들면 들수록 지혜가 생기고 이런저런 일들이 받아들여지게 된다고 생각하기 쉬우나, 실제로는 좀처럼 그렇게 되지는 않는다. 예를 들어 요로 타케시 씨나 세토우치 자쿠초 씨처럼 '폼으로 나이 들지 않은' 사고의 폭이 넓은 고령자는 현실에서는 좀처럼 만나기 어렵다. 거꾸로 어쩌다 만나게 되는 것일수록 대단한 존재라고 말할 수도 있겠다.

나는 이 책에서 '이렇게 되지 않으면 안 된다'는 고령자상을 밀어붙일 생각은 없다. 그래도 한 가지 마음에 담아두면 좋겠다고 생각하는 것은, 나이 드는 것을 자연에 맡겨버리면 볼썽사나운 노인이 되는 경우가 많다는 것이다.

일반적으로 나이가 들수록 전두엽이 위축되어 사고의 폭이 좁아지고 불안에 휩싸이기 쉬우며, 돈에 대한 집착이 강해 구두쇠가 되는 경향이 있다. 나이가 들고 너그러워지거나 세상의 이치에 통달하는 것은 사실은 자연스러운 노화에 의한 것이 아닌, 그렇게 되자는 의식을 다소라도 가지고 있지 않으면 될 수 없을지도 모른다. 오랜 기간 고령자들을 마주해 오면서 그런 점을 깨닫게 됐다.

어차피 나이를 먹는다면 '이 사람과 만나고 있으면 마음이 놓인다'고 여겨지는 노인, 주위에 자연스럽게 사람이 모여드는 매력적인 노인이 되는 쪽이 좋다. 하지만 그런 고령자가 되는 것은 그렇게 되고 싶다는 자각으로, 그것을 위해 무엇을 하면 좋을지를 생각하지 않으면 어려운 일이다. 그렇다고 해서 품위를 의식하거나 혹은 다른 사람들에게 공경 받기 위해 고령자들에게 '말하고 싶은 것이 있어도 참아야 한다'고 전하고 싶은 것은 아니다. 미움 받지 않는 노인이 되자고 주위에 맞추다 보면 오히려 그냥 시시한 노인이 되고 만다.

나는 대학에서 교원생활도 하고 있는데 60대가 된 지금, 매번 긴장하면서 대학생을 상대로 수업을 하고 있다. 긴장하게 되는 이유는 학생들에게 재미없는 수업이라고 여겨지지 않을까 하는 점이다. 흔히 수업 중에 졸고 있는 학생을 혼내는 선생이 있지만 졸리게 만든 수업을 한 쪽이 나쁘다고 생각한다. 나도 눈앞에서 학생이 자고 있으면 역시 침울해지고, 그렇게 까지 재미없었을까 하는 걱정도 된다. 학생의 반응을 신경 쓰고 가능한 한 재미있다고 생각되는 수업을 하려고 애쓰고 있다.

냉정하다고 말할지도 모르겠으나 자신의 주변에 사람들이 다가오지 않거나 말하고 있는 상대가 재미없어 하는 태도가 나타난다면, 다소라도 자신을 돌아보는 편이 좋다고 생각한다. 주위에 맞춰야 할 필요는 없지만 자신이 어떻게 보여지는가를 의식하는 것도 괜찮다.

멋진 고령자가 되기 위해 가장 필요한 것은, 그렇게 되자고하는 의식을 가지는 것이다. 고령인 사람이 그런 의식을 가지는 것으로 침체된 이 세상이 다소라도 좋은 방향으로 향할지도 모른다.

고령자의 수를 생각해보면 그 정도의 영향력은 있을 것이다. 예컨대 고령자의 시설에 들어가게 될 경우에도 거기서 자신의 품위를 지키며 살아가고 싶다고 생각하는 것은 중요한 일이다. 자기 나름의 선택으로서 거기서 사는 것을 택하는 것에, 그저 남은 시간을 소화하는 것처럼 보내는 것은 아깝다고 생각한다. 실제로 시설에 가보면 그 안에서 존경받는 사람도 있지만 그렇지않은 사람도 있다. 또 인지증이 어느 정도 진행되어도 위트와 유머가 풍부하고 함축적인 말을 쓰는 사람도 자주 본다. 100세가넘었는데도 건강한 쌍둥이로서 1990년대에 각종 미디어에 출연했던 킨 씨와 긴 씨도 아마 그런 사람들이었을 것이라고 생각한다.

인지증이 되면 가까운 기억을 잃기 쉽게 되지만 그 사람의 마음 속의 생각과 인생의 신념과 같은 것은 남는다. 그래서 인지증인 사람이 훌륭한 명언이나 깊이 있는 이야기를 들려주는 일도 드물지 않은 것이다.

후기

이 책과 마지막까지 함께해 주셔서 대단히 감사드린다.

늙는다는 것에 대해 혹은 지금부터의 인생에 대해, 조금이라도 힌트가 됐다면 저자로서 더할 수 없는 기쁨이겠다.

나 자신도 이번 6월에 62세가 됐지만 어떤 노년이 바람직한 것인가를 이야기하는 것은 아직 너무 젊은지도 모르겠다. 고령자들은, 하나로 싸잡아서 이야기하기 쉽지만 사실은 나이가 들수록 개인차가 커지게 된다. 젊었을 때는 도쿄대학에 들어갈 정도의 수재도, 반에서 구제불능의 열등생이라도, 지능지수가 70~130 정도의 범위에 들어온다. 그러나 같은 70대의 사람이라도, 대학자나 대경영자로서 활약하는 사람도 있는 반면 인지증으로 다른 사람의 말을 이해하지 못하는 사람도 있다.

젊은 시기에는 50미터를 달리게 되면, 올림픽 수준이라도 5초 정도이고 심하게 발이 느린 사람도 10초 정도일 것이다. 고령자의 경우는 7초 정도로 달리는 사람도 있겠지만 한편으로 누워만 지내는 사람도 드물지 않다. 거기에 개개인의 느낌, 사고방식이 긴 인생체험에서 크게 차이가 나기 때문에 그야말로 천차만별이다. 그래도 내 자신이 이런 고령자가 되고 싶다고 느낀 것을 힌트로 삼았으면 좋겠다고 제언을 드리는 것은, 의사로서 남달리 고령자들을 진찰해 온 자부심이 있기 때문이다.

나 자신이 긴 인생을 되돌아 보며 운이 좋았다고 느끼는 것은 몇 가지나 있다. 고등학생 때 수험 요령을 알게 되어 기대 이상의 학력을 갖게 된 것, 젊은 시절부터 책을 낼 기회를 얻어 800권 정도의 저서를 펴낸 것, 아니면 그 동안 이런저런 만남이 있어 영화를 찍고 싶다는 꿈을 이루게 된 것 등등 정말로 운이 좋았다고 생각한다.

하지만 그중에서도 가장 운이 좋았다고 할 수 있는 것이라면 프롤로그에서 밝힌 것처럼, 정신과에서도 내과에서도 적응하지 못하고 힘들었을 때 그 양쪽의 연수를 했다는 이유로, 당시에 일본에서 세 군데밖에 없던 고령자 전문의 종합병원에 정신과의사로 취직할 수 있었던 것이다.

그 후 노년의학의 길에 접어들게 되었고 많은 노년을 보게 되면서 인생관이 바뀌었다.

윗사람에게 아부하며 출세해도, 만년에는 그 윗사람이 먼저 죽고 아랫사람들에게 미움 받게 되어 고독해지기 쉽다는 것을 알고 그다지 지위에 집착하지 않고 되도록 아랫사람을 소중하게 생각하자는 생각, 인생의 절정은 뒤에 오게 하는 것이 좋다는 것을 알고 이런저런 일에 조급해 하지 않게 된 것 등 삶의 방향성이 크게 바뀌게 됐다.

이 책은 그런 내가 실제로 보고 들은 것부터 스스로 이렇게 되고 싶다고 생각하게 된 것들을 모은 것이다. 아무리 나이 들어도 앞으로의 일은 인간 그 누구도 경험하지 못하기에 조금이라도 힌트가 됐다면 다행으로 생각한다.

본서와 같이 다소 기서에 해당할 지도 모르는 책의 편집에 수고해주신 PHP연구소 비즈니스, 교양출판부의 야마구치 타케시 씨와 호리에 레이코 씨에게 이 자리를 빌어 깊이 감사드린다.

2022년 5월 2일
와다 히데키

노년의 품격

초판 1쇄 인쇄 2023년 10월 10일
초판 1쇄 발행 2023년 10월 20일

지은이 와다 히데키
옮긴이 김송이
펴낸이 김지훈
펴낸곳 도서출판 어젠다

출판등록 2011년 7월 26일 (제2015-000263호)
주　소 서울시 마포구 양화로 7길 61-6(서교동)
전　화 (02)333-5897 | 팩스 (02)333-8460
이메일 agendabooks@naver.com

ISBN 978-89-97712-36-6 03190